★本书系"重庆幼儿师范高等专科学校学术专著出版资助计划"资助出版
★本书系重庆市高等职业教育教学改革研究项目"红色基因"传承及其建构：融入高校育人环节的理论向度和实践路径研究（项目编号：Z212009）研究成果

百年校史融入高校育人环节的理论向度与实践路径

史　妍　熊　应　著

☺中华工商联合出版社

图书在版编目(CIP)数据

百年校史融入高校育人环节的理论向度与实践路径 /
史妍,熊应著. -- 北京:中华工商联合出版社,2025.
4. -- ISBN 978-7-5158-4255-4

Ⅰ. G649.2

中国国家版本馆 CIP 数据核字第 2025PM6014 号

百年校史融入高校育人环节的理论向度与实践路径

作　　者：史　妍　熊　应

出 品 人：刘　刚

策划编辑：李　瑛

责任编辑：李　瑛

排版设计：北京青云腾科技有限公司

责任审读：付德华

责任印制：陈德松

出版发行：中华工商联合出版社有限责任公司

印　　刷：北京虎彩文化传播有限公司

版　　次：2025 年 5 月第 1 版

印　　次：2025 年 5 月第 1 次印刷

开　　本：710mm×1020mm1/16

字　　数：200 千字

印　　张：15

书　　号：ISBN 978-7-5158-4255-4

定　　价：68.00 元

服务热线：010－58301130－0（前台）

销售热线：010－58302977（网店部）
　　　　　010－58302166（门店部）
　　　　　010－58302837（馆配部、新媒体部）
　　　　　010－58302813（团购部）

地址邮编：北京市西城区西环广场 A 座
　　　　　19－20 层，100044

http://www.chgslcbs.cn

投稿热线：010－58302907（总编室）

投稿邮箱：1621239583@qq.com

前　言

　　校史指学校发展史。百年校史，是指百余年来学校从创办、发展、变迁所经历的发展过程。校史文化具有很强的育人作用。2022 年 4 月 25 日，习近平总书记在中国人民大学考察时强调："要加强校史资料的挖掘、整理和研究，讲好中国共产党的故事，讲好党创办人民大学的故事，激励广大师生继承优良传统，赓续红色血脉。"重庆幼儿师范高等专科学校始建于 1914 年（前身为四川省立第四师范学校，文中以下简称"省四师"），学校一直被誉为"下川东革命摇篮"，革命先辈萧楚女、恽代英、朱德、刘伯承等青年时期曾在学校传播革命思想，开展革命活动；革命先烈刘伯坚、蓝蒂裕、赵明恩、彭咏梧，开国上将陈伯钧等青年时期在学校接受革命思想并走上革命道路。另外，据不完全统计，学生中有 11 位"红岩英烈"；曾有 51 名在校学生加入中国人民志愿军，走上了抗美援朝的战场。从建校之初至今延续发展 110 年来，学校始终传承革命精神、始终坚守师范教育，为祖国西南培养了一大批乡村教师，为推进地方经济社会发展与乡村基础教育振兴做出了重要贡献。

　　本书是重庆市教育委员会 2021 年高等职业教育教学改革重点项目"'红色基因'传承及其建构：融入高校育人环节的理论向度和实践路径研究（项目编号：Z212009）"的研究成果，项目组成员大多数是"第五批重庆市高校黄大年式教师团队（团队名称：乡村卓越幼儿教师迭代培养教师团队）"的主要成员，本项目选取具有 110 年发展历史的重庆幼儿师范高等专科学校（原省四师）作为研究对象开展个案研究，以其诠释百年校史融入高校育人环节的理论向度，从而探索百年校史思想政治教育功能实现的现实路径。

　　本书从思路架构上大致可以分为两个部分。第一部分，开展校史融入高校育人环节的内涵以及理论基础研究。这部分研究把高校百年校史作为项目研究的切入点，对校史育人的概念进行界定，研究相关理论基础。第二部分，在全面阐释重庆幼儿师范高等专科学校（原省四师）校史的深刻内涵和精神实质的基础之上，深入挖掘和充分利用史料，准确判断历史形势和把握历史脉络，坚持史论结合，既讲历史的本然，也讲历史的所以然，注重重庆幼儿师范高等专科学校（原省四师）革命精神研究的科学性和历史性。把重庆幼儿师范高等专科学校（原省四师）革命精神放置到红楼精神、红岩精神、抗美援朝精神等中国共产党革命精神谱系，生动描述重庆幼儿师范高等专科学校（原省四师）革命精神的历史画面，深化研究重庆幼儿师范高等专科学校（原省四师）革命精神的科学内涵。

重庆幼儿师范高等专科学校（原省四师）革命精神集中体现中国共产党人政治觉悟、意志品质、思想道德和工作作风等一系列优良传统和革命风范。本项目研究把重庆幼儿师范高等专科学校（原省四师）革命精神放置在中国革命精神的完整谱系开展研究，重庆幼儿师范高等专科学校（原省四师）革命精神的弘扬与继承，将对师生产生重要的感召、引领、示范和激励作用，为学校全面从严治党提供思想遵循。同时，本项目研究最终要形成大学生理想信念教育的鲜活课程，为青年学生树立远大理想提供精神动力，为学校转型发展提供文化支撑。

本书既有理论高度也有实践深度。从理论维度讲，本书将丰富和深化中共党史和重庆幼儿师范高等专科学校（原省四师）革命精神的理论研究，力求具有原创性、开拓性和较高的学术思想价值，聚焦全局性、战略性和前瞻性的重大理论与实践问题，主攻推动研究成果转化运用，更好地发挥党史和校史育人作用，为学校转型升格提供精神支撑。从实践维度讲，本书传承学校老同志的高尚情操。在革命战争时期，学校老同志立下了功劳；在社会主义建设时期，学校老同志吃了不少的苦；在

前　言

　　校史指学校发展史。百年校史，是指百余年来学校从创办、发展、变迁所经历的发展过程。校史文化具有很强的育人作用。2022 年 4 月 25 日，习近平总书记在中国人民大学考察时强调："要加强校史资料的挖掘、整理和研究，讲好中国共产党的故事，讲好党创办人民大学的故事，激励广大师生继承优良传统，赓续红色血脉。"重庆幼儿师范高等专科学校始建于 1914 年（前身为四川省立第四师范学校，文中以下简称"省四师"），学校一直被誉为"下川东革命摇篮"，革命先辈萧楚女、恽代英、朱德、刘伯承等青年时期曾在学校传播革命思想，开展革命活动；革命先烈刘伯坚、蓝蒂裕、赵明恩、彭咏梧，开国上将陈伯钧等青年时期在学校接受革命思想并走上革命道路。另外，据不完全统计，学生中有 11 位"红岩英烈"；曾有 51 名在校学生加入中国人民志愿军，走上了抗美援朝的战场。从建校之初至今延续发展 110 年来，学校始终传承革命精神、始终坚守师范教育，为祖国西南培养了一大批乡村教师，为推进地方经济社会发展与乡村基础教育振兴做出了重要贡献。

　　本书是重庆市教育委员会 2021 年高等职业教育教学改革重点项目"'红色基因'传承及其建构：融入高校育人环节的理论向度和实践路径研究（项目编号：Z212009）"的研究成果，项目组成员大多数是"第五批重庆市高校黄大年式教师团队（团队名称：乡村卓越幼儿教师迭代培养教师团队）"的主要成员，本项目选取具有 110 年发展历史的重庆幼儿师范高等专科学校（原省四师）作为研究对象开展个案研究，以其诠释百年校史融入高校育人环节的理论向度，从而探索百年校史思想政治教育功能实现的现实路径。

　　本书从思路架构上大致可以分为两个部分。第一部分，开展校史融入高校育人环节的内涵以及理论基础研究。这部分研究把高校百年校史作为项目研究的切入点，对校史育人的概念进行界定，研究相关理论基础。第二部分，在全面阐释重庆幼儿师范高等专科学校（原省四师）校史的深刻内涵和精神实质的基础之上，深入挖掘和充分利用史料，准确判断历史形势和把握历史脉络，坚持史论结合，既讲历史的本然，也讲历史的所以然，注重重庆幼儿师范高等专科学校（原省四师）革命精神研究的科学性和历史性。把重庆幼儿师范高等专科学校（原省四师）革命精神放置到红楼精神、红岩精神、抗美援朝精神等中国共产党革命精神谱系，生动描述重庆幼儿师范高等专科学校（原省四师）革命精神的历史画面，深化研究重庆幼儿师范高等专科学校（原省四师）革命精神的科学内涵。

重庆幼儿师范高等专科学校（原省四师）革命精神集中体现中国共产党人政治觉悟、意志品质、思想道德和工作作风等一系列优良传统和革命风范。本项目研究把重庆幼儿师范高等专科学校（原省四师）革命精神放置在中国革命精神的完整谱系开展研究，重庆幼儿师范高等专科学校（原省四师）革命精神的弘扬与继承，将对师生产生重要的感召、引领、示范和激励作用，为学校全面从严治党提供思想遵循。同时，本项目研究最终要形成大学生理想信念教育的鲜活课程，为青年学生树立远大理想提供精神动力，为学校转型发展提供文化支撑。

本书既有理论高度也有实践深度。从理论维度讲，本书将丰富和深化中共党史和重庆幼儿师范高等专科学校（原省四师）革命精神的理论研究，力求具有原创性、开拓性和较高的学术思想价值，聚焦全局性、战略性和前瞻性的重大理论与实践问题，主攻推动研究成果转化运用，更好地发挥党史和校史育人作用，为学校转型升格提供精神支撑。从实践维度讲，本书传承学校老同志的高尚情操。在革命战争时期，学校老同志立下了功劳；在社会主义建设时期，学校老同志吃了不少的苦；在改革开放时期，学校老同志做出了贡献。本项目研究收集老同志的所见所闻，记录老同志的亲身经历，激起部分老同志的青春回忆，将抢救、补充和完善学校校史馆历史文献，编纂学校红色档案，为学校建校 110 周年留念，为学校今后加强青年学生理想信念教育提供思想遵循和精神动力。

第五批重庆市高校黄大年式教师团队

"乡村卓越幼儿教师迭代培养教师团队"

宋生涛 教授、博士

目 录

第一编 百年校史融入高校
育人环节的理论向度

第一章　校史

"历史从哪里开始，思想进程也应当从哪里开始。"[1]党的历史是最生动、最有说服力的教科书，蕴含着极其深刻的历史启示，是取之不尽、用之不竭的精神财富和力量源泉，是中国人民和中华民族继往开来、奋勇前进的坚实基础。中国高等学校校史是一部学校在历史长河中持续发展的历史，也是一部师生激昂报国、无问东西的奋斗史，不仅是一所学校办学历史的缩影，也是一个国家教育变迁和社会进步的历史见证，对学生了解办学历史、树立文化自信、坚定报国热情等方面有着重要的意义与价值。

在百年党史教育的背景下讨论百年校史教育，在党史学习教育的理论参照下实践百年校史教育，已经成为当代高校学校文化传承与教育改革创新的重要领域，广泛涉及校史资料的搜集与整理、校史文化的建构与传承、校史育人价值与应用传播等几个方面，成为教育领域中受到广泛关注的学术增长点。

第一节　校史的内涵

一、何为"校史"？

"校史"就是一所学校的发展历史。校史是对学校办学过程的整

---

1 卡尔·马克思, 弗里德里希·恩格斯. 马克思恩格斯选集（第 2 卷）[M]. 人民出版社 2012：43

体历史记录和叙述，也是中国社会发展与教育进步的历史缩影。校史是一所学校自创办以来的历史的集合，包括学校的创建背景、发展历程、重大事件、杰出人物、教育理念、学术成就等，在物质、制度以及精神层面上的存在。

物质层面的"校史"。在物质层面上，校史指的是学校发展过程中形成的各种物质文化遗产。这些包括学校的建筑、教室、实验室、图书馆等硬件设施，以及与此相关的教学设备、图书资料、教具模型等。这些物质遗产是校史研究的直观对象，它们见证了学校的成长和变革，为研究提供了具体而形象的依据。在校史研究中往往以实体性的方式呈现。

制度层面的"校史"。在制度层面上，校史涵盖了学校的管理体制、教育制度、学科建设、师资队伍等方面。这些制度和结构反映了学校在不同历史时期的教育方针、政策导向以及管理运作模式。通过研究学校的制度演变，可以了解学校如何在政策和法规的指引下适应社会需求，实现自身功能的发展和完善。在校史研究中往往以学校的办学宗旨、校风学风等方式呈现。

精神层面的"校史"。在精神层面上，校史是学校历史文化的核心，包括学校的传统精神、价值观念、学术追求、教育理念等。这些精神文化是学校的灵魂，代表了学校的特色和品格。它们在长期的教育教学实践中逐渐形成，并深深植根于师生心中，影响着学校的整体氛围和发展方向。在校史研究中这一层面往往贯穿学校办学全过程。

二、校史的基本属性

校史作为记录学校发展轨迹的真实记载，具有历时性、传承性、文化性和教育性等几个基本属性。

一是历时性。校史详细地记载了一所学校从成立之初到现代各个不同的发展阶段，涵盖了学校的起源、发展、变革以及重要的历史事件和关键的转折点。这些记录不仅仅是对学校历史事实的简单罗列，更是对学校在不同历史时期所处的社会环境、文化背景以及教育发展的全面映射。这种历时性的记录有助于我们理解学校的发展过程和历史变迁。在校史研究的过程之中，既有其历时性的纵向研究，也有其涵盖多个维度的横向研究。

二是传承性。校史是一代代师生共同创造和传承下来的宝贵财富。它不仅承载着学校的传统和精神，也是校园文化传承的重要载体。通过对校史的研究和传播，可以使得后来者了解学校的发展历史，继承和发扬学校的优良传统。校史的传承性决定了校史也具有动态变化性，每一历史阶段中每所学校的文化、制度、精神都会呈现出一定变化，需要在传承创新中不断赓续。

三是文化性。校史是学校文化建设的重要内容，它反映了学校独特的文化精神和价值追求。每所学校的校史都是独一无二的，蕴含着丰富的文化内涵和深厚的文化底蕴，对学校精神以及学生文化认同产生重要影响。校史文化的传承与发展是一所学校育人的"根"与"魂"。

四是教育性。校史蕴含着丰富的教育教学资源，涵养学生身份认同感和爱国热情的重要途径。同时，校史教育实践是一种有效的教育手段，它通过各种形式，如校史教育课程、纪念活动、校园参观等，使学生亲身体验和感悟学校的历史沿革和文化传承。这种教育方式不仅能够让学生们更好地理解学校的发展历程，还能够帮助他们认识到自己作为学校一员的重要性，进而激发他们对学校的热爱和对校园文化的自豪感。

总的来讲，校史是一所学校在教育实践过程中所创造的一切物质的与非物质的产品的总和。充分挖掘校史资源、广泛开展校史教育、构建特色校史文化，是每一所学校总结办学经验，创新教育改革，提升人才培养质量，强化开放教育与宣传的内在需求与必然选择。从校史的概念以及基本属性中不难看出，校史研究是站在历史学、教育学以及社会学等多重视域下对学校办学历史的系统梳理，对于国家教育发展与文化传播、对于学校教育传承以及人才培养都有着重要的意义与价值。

三、校史的基本功能

一所高校的校史是对于高校整体办学历程的系统回顾，保存着学校从兴建伊始到发展壮大的历史画面，具有存史功能、文化功能、宣传功能、教育功能等四个方面的主要功能。

（一）存史功能

存史功能是校史的基础功能，顾名思义就是对高校历史的真实记录和保存。它如同一本详尽的编年史，记录了高校的创建、变迁、发展以及在不同历史时期的重要事件和人物。这种记录不仅包括文字资料，还涵盖了图片、视频、实物等多种形式，形成完整的历史档案。通过编纂校史，高校能够保存宝贵的历史资料，为未来的研究和教育提供原始数据，同时也使得校史成为连接过去与未来的桥梁。

（二）文化功能

校史作为高校文化传承的载体，承载着学校的精神理念、价值观念和传统风貌。每所高校的校史都是独一无二的，反映了该校的精神追求和文化特质。通过对校史的研究和传播，可以强化学生和教职工对学校文化的理解和认同，促进校园文化的建设和发展，同时为维护学校的传统和特色提供支撑。

（三）宣传功能

校史是高校对外展示自身形象和成就，提升学校形象和影响力的重要手段。通过对校史中的重大成就、杰出校友、独特创新等方面的宣传，可以提升学校的社会认知度和影响力。校史的宣传不仅有助于激发在校学生的校园荣誉感和归属感，还能吸引潜在的学生、学者和投资者的关注，促进学校的整体发展，发挥学校在地方社会发展中的积极作用。

（四）教育功能

"校史中蕴含着丰富的大学精神与文化传统，是对于大学生进行思想政治教育的最佳教材"。[1] 大学之道，育人为本，校史教育就是通过对于高校历史文化的传承和弘扬对于大学生科学研究精神、道德素养以及人格情操的教育，这是校史的一个重要功能和最为本质的存在价值。校史教育是通过校史中的人物、事件和故事，对学生进行思想品德教育和专业素质教育的过程。校史中的英雄模范、重大决策、历史转折点等都是生动的教学案例，可以帮助学生理解历史发展的规律，培养其历史责任感和使命感。同时，校史教育也能够弘扬学校的优良传统，培养学生的集体荣誉感，提高其道德修养和综合素质。

校史的存史功能确保了学校历史的完整性和连续性；文化功能促进了学校精神和文化的传承；宣传功能提升了学校的社会形象；教育功能则是对学生进行全面素质教育的重要手段。因此，校史在高校发展中扮演着不可或缺的角色，对于维护学校的历史传统、提升学校的整体实力和影响力，以及培养高素质人才都具有重要的意义。

除此之外，校史还是传承学校精神和文化的桥梁。通过校史，可

---

1 孙永玉 . 校史校情：高校德育的宝贵资源和生动教材 [J]. 中国高教研究，2006(01):64-65.

以向学生和教职工传达学校的优良传统和办学理念。通过分析学校历史上的教育实践和改革经验，可以为当前的教育改革提供借鉴。同时，校史还具有纪念和激励作用，能够激发师生的荣誉感和使命感，促进学校共同体的建设。

第二节　校史资源与校史文化

一、校史资源

（一）校史资源概念辨析

校史资源是指学校在进行教学与科研活动过程中产生并逐渐积累的、具有潜在利用价值的自然与社会资源的总和。这些资源涵盖了有形的物质文化产物，如建筑、文献和艺术作品，以及无形的文化资产，包括办学理念、教育传统和校园精神等。高校历史资源作为一个综合性概念，其内涵丰富且多维，它们通常通过物质和非物质的媒介得以表现和传承，不仅能够为学校本身带来深厚的文化底蕴，还能在社会经济发展和文化传播中发挥独特作用，提升教育机构的社会影响力和经济价值。

校史资源是校史的物质载体和非物质表现，是校史得以保存和传承的基础。校史资源与校史的不同之处在于，校史侧重于对学校历史的客观记录和研究，它是一个时间维度上的连续体，关注的是事实和发展过程。校史资源强调的是可供挖掘和使用的文化素材和遗产，这些资源可以是文献资料、图片影像、建筑遗迹、校园传统、口述历史等，是有形或无形的文化遗产。没有校史资源，校史便无法得到实证和传播。

（二）校史资源的载体

校史资源的物质载体与精神载体共同构成了学校历史与文化的多

维记忆空间。

校史资源的物质载体主要指那些承载着学校历史记忆的物理形态和构建，它们以具体的物质形式存在，既包括了实体，如校园建筑、纪念碑、人物雕塑、文化景观以及各类历史文物和档案资料等，也涵盖了由这些实体构成的校园整体环境。这些物质载体如同一本打开的历史书籍，将学校的悠久历史和文化精髓物化、固化，成为可触摸的历史见证。校园中的古建筑不仅记录了学校的发展脉络，还默默地讲述着过往的故事和变迁。人物雕塑和文化景观则象征着学校的精神标杆和价值追求，使观者在审视中潜移默化地接受教育与启迪。而整洁优美的校园环境、古典高雅的艺术景观等，不单为师生提供了视觉上的美感享受，更重要的是，它们通过美的传递，让处于这个环境中的人们无声无息地感受到学校的文化氛围和精神理念，进而影响和塑造个人的道德品质和审美情趣。

校史资源的精神载体则是指那些不具有具体物理形态但能够反映学校精神和文化传统的无形要素。这包括了学校的办学理念、教育宗旨、校风校训、传统节庆活动、校园传说故事、师生间的口述历史等。这些精神载体在学校社群的共同记忆中得以传承和发扬，它们是学校精神文化的体现，对师生的价值观、行为习惯和思维方式产生深远的影响。例如，校风校训以其精练的语言凝聚了学校的精神追求，是学校精神文化的核心表达，它激励着一代又一代的师生不断前进。而传统节庆和校园故事则通过仪式和叙事的形式，将学校的历史、文化和精神密切结合起来，使得师生在参与和传颂的过程中加深了对学校精神的理解，并在此基础上构建了自己的身份认同。

总之，校史资源的物质载体和精神载体互为表里，一方面通过有形的物质环境为师生提供感官体验和思考空间，另一方面通过无形的精神文化持续塑造和强化学校的集体意识和精神面貌。两者共同作用于校园生活的各个层面，为学校历史的传承与发展提供了坚实的基础。

（三）校史资源主要类型

校史资源归类为四种主要类型。

首先是"人"，它涉及那些在中国共产党和中国人民的奋斗历程中英勇奋斗、不惜牺牲的进步师生们。这些人的爱国情操和高尚品质，是他们推动历史变革和学校发展的结晶，成为青年学生学习的典范，并应当代代相传。

其次是"事"，指的是在中国共产党领导和指导下，学校所经历的不同历史时期的重大事件。这些事件不仅是学习和借鉴的宝贵资料，也体现了坚定的革命精神。每一段励志的革命故事都记录着先烈们的鲜血与汗水，内含对国家和民族的共同荣誉与命运的深刻情感，它们是培养青年学生爱国爱校情感和增强民族凝聚力的生动教材。

再次是"物"，即红色校史的物质表现形式，它们以丰富的物质载体存在，相较于抽象的精神内核更易于被具体感知，其中尤以人文景观和文物珍藏等最为突出。这些历史见证不仅是承载学校理念的重要媒介，也是校园历史的持续证明。

最后是"魂"，这涉及学校在其发展进程中所凝聚的深厚精神内涵。不同高校因地域特色和办学性质的差异而形成独特的精神气质和灵魂品格，这既是区别于其他学校的显著特点，也是展现学校独特形象、团结师生意志、促进学校创新发展的关键源泉。通过对红色校史资源的深入挖掘和革命精神的传承，师生能够汲取力量与智慧，打造富有校本特色的气韵和精魂。

二、校史文化

（一）校史文化概念辨析

校史既是历史意义上的，同样也是文化意义上的。"校史文化以大学人为主体，以大学精神为核心，是大学人在学校历史发展进程中所形成的兼具独特性和传承性的历史文化体系，经过历史的积淀形成了独特的文化形态，是学校发展所产生的物质财富和精神财富的总和"[1]。

首先，校史文化是一种文化表征，它不是孤立存在的单一文化现象。这意味着校史文化是高校历史的文化展现，它贯穿在大学发展的整个历史过程中，体现在每一处历史细节和文化实践中。校史文化与大学的历史紧密相连，无法分割，它通过不同的文化形式表征了大学的成长、变迁和成就。

其次，校史文化构成了一种文化链条，这一点强调了其在时间维度上的连续性和传承性。校史文化的存在依赖于大学历史的持续进展，每一个历史阶段都是文化传递的环节，将过去、现在和未来连接起来。在这个过程中，校史文化不仅仅是对过去的保存和记忆，更是对历史与文化的继承和发扬，它通过对过去的理解和阐释来影响未来。

最后，校史文化的具体存在形态包括物质层面、心物结合的制度层面以及精神层面。物质形态的校史文化指的是那些可以触摸到的历史文化产品，如建筑、纪念物、档案文献等；制度形态的校史文化包含了学校的组织结构、规章制度和各类传统活动；而精神形态的校史文化则是学校的精神理念、价值观念、学术追求等抽象的文化要素。这些不同层面的文化形态共同构成了校史文化的全貌，它们相互交织、相互影响，

---

1 朱之平，张淑锵. 大学文化的传承与展示：一个校史研究的视角 [J]. 浙江大学学报（人文社会科学版），2011，41(04):196-199.

形成了一个立体的文化体系。

校史文化是在校史和校史资源的基础上，通过不断的教育实践和文化活动形成和发展起来的，它是校史传统的现代延续和活化表现。校史文化则是对这些历史和资源的现代解读和应用，它更关注如何将校史的价值观念和精神传统融入育人全过程,塑造学校育人文化与教育精神。

（二）校史文化与校史资源之间的关系

校史文化与校史资源相互联系、互为因果。

校史资源是指学校在长期办学过程中积累的有形和无形的历史资源，这些资源可以是物质的，如建筑、文献、艺术品等；也可以是非物质的，如传统、习俗、故事、校训等。而校史文化则是这些校史资源在历史发展中所蕴含的文化意义和价值的体现。

具体而言，校史资源是校史文化的物质和非物质载体。它们提供了校史文化传承和发展所需的基础和素材。例如，一座历史悠久的校园建筑不仅仅是一栋实体结构，它还承载了学校历史发展的印记、教育理念的演变以及校园文化的精髓。通过这座建筑，师生可以直观地感受到学校的传统和精神。同时，校史文化赋予校史资源以生命和活力。它通过解读和传播这些资源背后的故事和意义，使得静态的资源变得动态而有影响力。校史文化的传承活动如庆典、展览、讲座等，都是通过校史资源来实现的，这些活动让师生能够更深刻地理解和体验学校的历史文化。此外，校史文化也影响着校史资源的保护、管理和利用方式。一个珍视其文化遗产的学校会更加注重对校史资源的保存和修复，并努力挖掘其在教育和研究中的潜在价值。

总的来讲，校史资源是校史文化的物质和概念基础，而校史文化则是校史资源的灵魂和精神内涵。两者相辅相成，共同构成了学校独有的历史和文化景观。通过对校史资源的保护和对校史文化的弘扬，学校能够将其独特的历史遗产和文化财富传递给未来的代际，实现文化记忆的永续传承。

表 1　校史资源与校史文化概念对照表

	校史资源		校史文化
历史文献	包括学校的创立文件、历史档案、照片、影像资料等	精神文化	学校的办学理念、教育宗旨、学术追求等
物质遗迹	如校园建筑、纪念碑、校徽、校旗等	制度文化	学校的管理制度、教育制度、学术规范等
人物事迹	历代师生的杰出成就、重要事件、教育理念等	行为文化	师生的行为习惯、学术风气、道德规范等
校园传统	学校的传统活动、节日庆典、校风校训等	物质文化	校园环境、建筑风格、标志性设施等

三、校史资源利用与校史文化建设

校史资源与校史文化是校史的不同构面，是从资源开发与利用层面、学校文化建设与传播层面对校史功能最大化的具体体现。从这一层面上来讲，校史研究其主要路径就是要通过对校史资源的充分挖掘与利用，扩大校史的文化影响力，建设学校独有的校史文化并将其进行教育传播，从而对学校的发展和学生的成长产生深远的影响。

（一）校史资源的挖掘与利用

校史资源的挖掘与利用是学校维护自身文化传承、加强内涵建设的重要途径。这一过程涉及系统地识别、整理和研究高校在长期发展过程中形成的历史资料，并将其转化为教育资源和文化资产，以实现对师生的教育和启迪作用，同时增强学校的凝聚力和影响力。不仅包括对学校过去的历史记录和文化遗产的系统收集整理，还涵盖了对学校精神、传统及其在现代社会中的演绎和再编辑。

一方面是挖掘校史资源。是指通过各种方式搜集、发现并挖掘学校历史中的有价值信息。这些信息可以通过档案文献搜集（包括学校的创建文件、会议纪要、往来信函、照片、影像资料等）、口述历史采集（对老一辈教职工、校友进行访谈，收集他们对学校历史见证的第一手资料）、校园考古（实地勘察校园内的老建筑、遗址，甚至进行考古发掘，了解其背后的历史故事）、重大历史事件研究（围绕学校历史上的重大事件、重要转折进行专题研究，揭示其在校园发展中的意义）、知名人物传记（编写历代著名教授、杰出校友的传记，既能丰富校史资料，又能激励后来学子）等方式开展。

另一方面是利用校史资源。可以通过建立校史馆或展览（建立专门的校史陈列馆，或者在学校博物馆中设立校史展区，供师生参观学习）、编撰校史书籍（将挖掘到的资料整理编纂成册，出版校史书籍或期刊，作为教学、研究及赠送嘉宾的珍贵礼物）、开设校史文化课程（在校史相关课程中，使用挖掘出的校史资源作为教材，使学生在学习专业知识的同时了解校史）、开展主题活动（借助校庆、纪念日等时机举办系列主题活动，如校史知识竞赛、主题演讲等）、制作多媒体产品（将校史资料制作成电影、纪录片、微电影等形式，便于传播和观赏）等方式开展。

（二）校史文化的建设与传播

校史文化建设是学校围绕自身发展历程，对学校历史进行保护、挖掘、研究与传播，形成具有独特精神和文化特色的校园文化体系。它涵盖了学校的物质文化、制度文化、行为文化和精神文化各个层面，旨在通过校史文化的力量，增强学生和教职工的认同感、凝聚力和向心力，促进学校的和谐发展。可以通过对学校历史资料的收集与整理、校史研究与编纂、校史教育与传播、校园文化景观建设、校园传统活动与节日庆典、校风校训的培育与践行、校园非物质文化遗产的保护与发展等方式，将学校的办学理念和精神贯穿于教育教学各个环节，激励师生继承和发扬光大。

校史文化建设是一个全方位、多层次、动态发展的过程，需要学校从保护和研究校史资源入手，通过创新的教育模式和多样的文化实践，将校史文化的精神内涵不断传承下去，并使其成为推动学校发展的不竭动力。

第三节　校史的主要作用

校史是连接学校过去和未来的纽带，作为一种文化与教育资源，是办学历史征途中全体师生留给学校的一份宝贵财富，是学校文化建设的重要内容，在学校育人过程中具有独特优势。其主要作用具体可以表现在浸润心灵、思想导向、文化认同、凝聚集体向心力等几个方面。

一、校史为学生传承优秀精神文化提供物质载体

精神文化传承是塑造学生人格、培养综合素质的关键部分。校史，作为学校历史文化的物质证据，不仅是过去的记忆，更是传递校园精神和文化的重要媒介。它以其独特的物质形式，为学生提供了认识历史、继承传统和激发创新的实体基础。

校史的物质载体包括文献资料、照片影像、校园建筑、纪念物品等。这些物质形态记录了学校的发展历程、重大事件、杰出人物及其背后的精神追求，是学生直接接触和感受学校优秀传统文化的窗口。校史的物质载体为学生了解和学习学校的优秀精神文化提供了具体的内容和形式。通过参观校史馆、阅读校史文献、参与校史研究等活动，学生能够

直观地理解和感悟校园文化的内涵和精髓。

校史中的英雄故事、光辉历程和卓越成就不仅激励学生继承过去，更鼓舞他们面向未来，进行文化创新。校史的物质载体为学生的创造性思维和实践活动提供了丰富的素材和灵感来源。

二、校史为学生价值观塑造与道德教育提供鲜活教材

校史是学生价值观塑造与道德教育的重要资源。校史中蕴含的传统美德、革命精神和社会责任感等价值观念，通过物质载体的呈现，更容易被学生接受和内化，成为其个人行为准则和生活哲学的一部分。校史中蕴含着学校的传统精神、历史事件、人物典范和教育理念等元素。这些元素不仅反映了学校的发展脉络，也凝结了社会的道德规范和价值取向，为学生提供了一个具体而生动的学习平台。通过其物质载体的存在与展示，为学生提供了一个生动的历史课堂，不仅让他们学习和体验到优秀的精神文化，更引导他们在传承中创新，在创新中发展。因此，高校应当重视校史资源的保护和利用，将其融入日常教学和育人实践中，让校史成为学生全面发展的助推器。校史以独特的历史视角和丰富的教育内容，为学生提供了学习传统美德、继承先进文化的鲜活教材。因此，学校应深入挖掘和利用校史资源，以培养具有良好道德品质和社会责任感的优秀学子。

三、校史为学生文化身份建构与自我认知提供自由空间

在个体成长的过程中，文化身份的建构和自我认知的发展是形成完整人格的关键因素。校史作为一种特殊的文化遗产，为学生提供了一个自我探索和文化认同的自由空间，使他们能够在了解历史的同时，对自我进行反思和定位。同时，校史的物质存在强化了学生对于学校的归属感和认同感。通过对校史的了解和体验，学生能够意识到自己是学校

这个大家庭的一部分，从而在情感上建立起对学校的深厚感情。校史作为一种特殊的文化符号，对于增强学生的文化认同感和归属感具有不可替代的作用。了解学校的历史和文化，能够让学生更加自豪地归属于这个集体，从而积极投身于学校的建设和发展。

校史中不仅包含了学校的历史沿革、重大事件和人物传记，还蕴含了丰富的文化传统和精神追求。这些元素构成了学校独有的文化身份，为学生的文化身份建构提供了基础材料。通过学习和体验校史，学生可以更好地认识到自己是一个特定文化群体的成员。校史中的故事和象征性事件能够帮助学生建立起对学校的认同感，进而形成自己的文化身份。校史提供了一个自我反思的舞台，使学生能够在认识学校的同时，对自己的过去、现在和未来进行更深刻地思考。这种自我认知的提升有助于学生形成独立的人格和鲜明的个性。校史的多样性和丰富性为学生提供了广阔的探索空间。学校可以通过组织多样化的校史活动，如研学旅行、主题讲座、互动展览等，鼓励学生从不同角度和层次去发现和定义自己与学校的关系。

校史是学生文化身份建构与自我认知发展的重要资源。它以其独特的历史文化背景，为学生提供了一个自我发现和自由探索的平台。高校应当充分利用校史资源，为学生创造一个开放、多元的学习环境，帮助他们在参与和体验中建立起积极的文化身份，促进自我认知的成熟与发展。

四、校史为学生联结数代校友情感与母校情结提供情感纽带

学校历史是构成学生和校友身份认同的基础，它超越了时间的界限，成为连接不同年代学生情感的纽带。校史所承载的传统、记忆和象征意义，对于激发在校学生和校友对母校的深情有着不可替代的作用。校史中的故事、事件和人物塑造了学校独特的文化形象和精神面貌，这些元素不仅构成了学校的传统和荣誉，也成了学生和校友共同的情感寄托。校史中的共同经历和记忆是构建校友之间情感联系的基础。无论是校园的老建筑还是历史上的重大事件，都能唤起校友们对学生时代的回忆和对母校的深情。通过对校史的了解和体验，在校学生可以深刻感受到学校的历史深度和文化厚度，从而培养起对学校的强烈归属感和自豪感，这种情结将伴随他们终生，即使毕业离校后也会持续保持。学校可以通过建立校史馆、组织校史知识竞赛、出版校史刊物等方式，让校史资源活起来，成为链接现在学生与过去校友的桥梁。同时，校友回访、校史研讨会等活动也能加强在校学生与校友之间的情感交流。

此外，校史中蕴含着丰富的历史知识、人文知识和科学知识。学生在校史的学习中不仅能获取知识，而且能学会如何学习、如何思考。这种基于校史的知识传承有助于培养学生的历史意识和文化素养，同时也激发他们的创新思维和探索精神。校史中往往记录了学校与社会互动、服务社会的历程。通过参与校史的研究、活动策划和社区服务等实践，学生能够锻炼自己的社会能力，同时培育对社会责任的感知和承担。

综上所述，校史似乎指向了过去，但因其育人价值而同时指向了未来。校史育人的价值在于它能够综合运用历史、文化、精神等多元教育资源，通过多角度、多层次的教育方式，实现对学生全面素质的培养。有效地利用校史育人价值，可以为学生的全面发展提供强有力的支撑。学校通过深入挖掘和有效利用校史资源，不仅可以促进学生的全面发展，还可以为高校的文化建设和思想政治教育提供有力支持。因此，学校应当重视校史资源的开发和利用，探索更多创新的育人路径和策略，以实现校史育人的最大价值。

第二章 高校校史教育

如果说校史是地方史和教育史的融汇，那么它集中体现了一个地区教育发展的脉络和教育机构的成长历程。高等学校的校史记录了学校从创建到现代的发展历程，包括教育理念、学科建设、师资队伍、学术研究等方面的变迁。这些历史信息构成了学校的文化基因，为后来的教育实践提供了丰富的文化底蕴和精神指引。作为高等教育体系的重要组成，校史对于研究高等教育的发展规律、提升教学质量、激发学术创新等方面具有重要价值。每所高等学府都有其独特的校园精神和价值观，这些往往在校史中得以体现和传承。通过校史教育，可以帮助学生和教职工更好地理解和践行这些精神和价值观,增强学校的凝聚力和向心力。作为地方史的一部分，校史反映了学校对地方社会的贡献和互动，有助于高等学校认清自身在地方发展中的角色，进一步承担起服务社会的职能，推动校地合作，促进地方经济社会发展。历史上的教育实践和改革经验是现代教育改革的宝贵财富。校史记录了过去教育政策的实施效果和经验教训，可以为当前的教育改革提供借鉴和启示。

第一节 高校校史教育的内涵

一、高校校史教育的内涵

校史不仅是高校文脉的传承，也是与国家、民族发展相伴而生的重要资源，具有丰富的时代内涵和鲜明的特质，是重要的育人源泉。校史教育旨在通过弘扬社会主义先进文化，塑造社会主义核心价值观，培育大学生公民精神，为高校的发展提供精神动力和文化土壤。高校校史教育是高等教育中的一个重要组成部分，它通过系统地研究和传播学校的历史与文化，旨在增强学生对学校的认同感和归属感，传承学校的优良传统和精神文化。

高校校史教育是指高校通过学习、宣传和研究学校的历史，使全体师生了解学校的发展历程、党的组织在学校中的发展历程、学校的红色资源等内容，从而增强师生思想道德修养，传承红色基因，增强校园文化认同，凝聚发展力量，促进学校改革发展，服务国家战略的教育过程。

二、高校校史教育的历史方位与价值取向

（一）高校校史教育的历史方位

作为历史的见证者，校史教育记录了学校的成长变迁，反映了社会历史的进程和时代变迁的痕迹。它是对学校在不同历史阶段所扮演角色的反思，包括在政治、经济、科技、文化等领域的贡献。当今世界对高等教育的要求日益提高，校史教育也需要与时俱进，反映新时代教育目标和社会需求。它需要适应现代教育理念，将历史教育与现实问题相结合，培养学生的历史责任感和使命感。高校校史教育处于文化传承的历史方位，负责保存并传播学校独特的历史故事、文化传统和学术成就，它连接过去与现在，为新一代学子提供了解学校发展脉络的途径，帮助他们理解学校文化的深层含义。高校校史教育需要不断创新和发展，以便更好地服务于学校的发展和社会进步。

首先，从文化传承的角度来看，高校校史教育位于连接过去与未来的桥梁上。它承载着学校深厚的历史底蕴和文化传统。通过校史教育，

学生可以深入了解学校的创办背景、发展历程、杰出人物和重大事件，从而更好地传承和弘扬学校的精神文化。同时，校史教育也是连接学校与社会的重要纽带，通过向外界展示学校的历史和文化，可以增强学校的知名度和影响力，为学校的发展营造良好的社会氛围。

其次，从教育功能的角度来看，高校校史教育位于立德树人的核心地位。立德树人是教育的根本任务，而校史教育则是实现这一任务的重要途径之一。通过校史教育，可以引导学生树立正确的历史观、文化观和价值观，培养学生的爱国情怀、民族自豪感和社会责任感。同时，校史教育还可以激发学生的创造力和创新精神，促进他们的全面发展。

再次，从时代发展的角度来看，高校校史教育位于适应和引领社会变革的前沿。随着时代的变迁和社会的发展，高校校史教育也需要不断创新和发展。在新媒体时代，校史教育可以充分利用互联网、社交媒体等现代技术手段，以更加生动、形象、有趣的方式向学生展示学校的历史和文化。同时，校史教育也需要关注社会热点和时代潮流，及时反映学校在新时代的新发展、新成就和新经验。

最后，从国际视野的角度来看，高校校史教育位于推动国际交流与合作的重要位置。随着全球化的深入发展，高等教育领域的国际交流与合作也日益频繁。高校校史教育可以通过展示学校的国际化办学成果和与海外高校的交流合作经历，促进学校在国际上的知名度和影响力。同时，校史教育也可以为学校的国际交流与合作提供文化支撑和精神动力，推动学校在国际舞台上发挥更加积极的作用。

（二）高校校史教育的价值取向

高校校史教育强调对学校精神和价值观的继承，如诚信、勤奋、创新等，这些价值观对学生的个人发展具有深远影响。它帮助学生形成正确的世界观、人生观和价值观，成为社会的有用之才。校史教育有助于学生建立对学校的身份认同，增强他们的校园归属感和集体荣誉感。通过了解学校的发展历程和文化特色，学生能够更好地融入校园生活，积极参与学校活动。校史教育鼓励学生认识到自己作为学校一员的社会责任，激发他们为社会作出贡献的愿望。促进学生理解个人成长与社会发展的关系，引导他们在未来的职业道路上秉持服务社会的理念。

高校校史教育的首要价值取向是坚持社会主义办学方向。这意味着在传授校史知识、弘扬学校精神的过程中，要始终坚持马克思主义的指导地位，贯彻党的教育方针，体现社会主义核心价值观。通过校史教育，"引导学生深刻认识中国特色社会主义的历史必然性和优越性，坚定中国特色社会主义道路自信、理论自信、制度自信、文化自信，从而培养他们的社会主义事业建设者和接班人意识"[1]。

以人为本是高校校史教育的核心理念。这要求在校史教育中，要尊重学生的主体地位，关注学生的全面发展。通过讲述学校的发展历程和杰出人物的故事，激发学生的荣誉感和自豪感，培养他们的集体意识和团队精神。同时，校史教育也要注重培养学生的历史素养和人文素养，帮助他们形成正确的历史观和文化观，提升他们的综合素质和社会责任感。

"为党育人、为国育才"是高校校史教育的根本目标。这要求在校史教育中，要紧密结合党和国家的战略需求，培养具有高尚品德、创新精神和实践能力的高素质人才。通过讲述学校在不同历史时期为国家和社会作出的贡献，激发学生的爱国热情和报国情怀，引导他们树立正

---

1 刘海峰. 中国高等学校的校史追溯问题 [J]. 教育研究，1994(05):63-65.

确的世界观、人生观和价值观。同时，校史教育也要注重培养学生的实践能力和创新精神，鼓励他们勇于探索、敢于创新，为国家和社会的发展贡献自己的力量。

这三个方面相互关联、相互促进，共同构成了高校校史教育的价值体系。通过校史教育，不仅可以传承和弘扬学校的优良传统和文化精神，还可以培养学生的爱国情怀、民族自豪感和社会责任感，为国家和社会的发展培养更多优秀人才。

第二节　高校校史教育的主要内容

校史教育旨在帮助学生更好地理解学校的历史和文化，从而增强学生对学校的认同感和归属感，为学生提供学习的榜样和动力，激励他们继承和发扬学校的优良传统。从这一层面上来讲，校史教育可以包含下面几方面的内容。

一、校史教育的主要内容

（一）学校沿革与历史发展

校史教育首先包括学校的沿革和历史发展教育。这部分内容涵盖了学校从创建之初到现在的整个发展过程，包括创校的背景、历任校长的贡献、学校的扩建、学科的发展、历史的转折点等。通过这些历史时期和事件，学生能够了解学校的成长轨迹，感受学校历史的厚重，从而建立起对学校的认同感和归属感。主要包括学校成立的年代、历史背景、社会环境和需求，以及创始人或团队的初衷和愿景。阐述学校从创立至今的主要发展阶段，包括重要的历史节点、里程碑事件和关键决策，讲述学校在不同历史时期的发展变化，能够帮助学生理解学校的历史脉络和演变过程。

（二）办学理念与宗旨的传承

每所高校都有其独特的办学理念和宗旨，它们是学校的灵魂和核心价值观的体现。校史教育要深入讲解学校的宗旨和办学理念，以及它们是如何在不同历史时期得到践行和发展的。这些理念和宗旨对于塑造学生的世界观、人生观和价值观具有重要影响，是培养学生综合素质的重要指导原则。主要介绍学校的办学思想、教育理念和核心价值观，以及这些理念如何指导学校的各项工作和决策，并阐述学校的办学目标、使命和愿景，以及学校为实现这些目标所采取的具体措施和策略。通过讲述学校的办学宗旨，帮助学生理解学校的办学方向和追求。

（三）学校师资队伍情况以及育人成效

介绍学校教师的整体情况和特点，包括教师的学历背景、学术成就和教学经验等。同时，也可以讲述一些优秀教师的代表和他们的教学故事，以展示学校的教学实力和水平。介绍学校在教育教学方面的改革和创新实践，包括课程改革、教学方法改革、实践教学改革等。通过讲述学校在教育教学改革方面的探索和实践，帮助学生了解学校的教学理念和教学质量。

（四）校园文化与传统精神

校园文化和传统精神是学校特色的体现，也是校史教育的重要组成部分。这包括校园的建筑风格、学术氛围、师生关系、特有的教育活动和节日庆典等。既要介绍学校的校园文化特点和特色，包括学校的校训、校风、学风等；也可以讲述一些具有代表性的校园文化活动和传统，以展示学校的文化魅力和凝聚力。校史教育应该将这些文化和精神内化为学生的行为准则，激励学生继承和发扬学校的优良传统。

（五）杰出校友与贡献荣誉

一所学校的荣耀很大程度上来自其培养出的杰出校友。校史教育应当重点介绍这些校友的成就和对社会的贡献，他们的故事不仅能激励在校学生努力学习，还能让学生深刻理解"校史"并不是遥远的过去，而是活生生的现实。还可以介绍学校在社会服务、文化传承、科技创新等方面的贡献和成就，以及学校与社会的互动和合作情况。通过讲述学校的社会贡献，帮助学生了解学校的社会价值和影响力。介绍学校在国内外学术界、教育界和社会各界的影响力和声誉，以及学校在国际合作和交流方面的成果和进展。通过讲述学校的影响力，帮助学生树立对学校的自豪感和荣誉感。

二、高校校史教育的基本思路

（一）成立领导小组和工作专班

成立校史整理领导小组和工作专班，领导小组由学校领导、相关部门负责人和专家学者组成，负责整体规划和协调工作。工作专班则由教职工中的校史专家、教务处人员等组成，具体负责校史教育的实施和日常管理。

（二）校史的系统研究与挖掘

校史教育的基础是对学校历史的系统研究与挖掘。组织校友代表，专家学者在内的校史研究队伍，对学校创建背景、发展历程、重要事件、杰出人物等方面深入研究，系统整理、学校的历史脉络，挖掘学校的文化内涵和精神特质，形成校史集编。

（三）建设校史展馆与景观

通过建设校史展馆和校园内的校史教育景观，可以直观地展示学校的历史和文化，为师生提供学习和体验的场所。这些设施不仅能够增强师生对学校的认同感和自豪感，还能够作为思想政治教育的重要载体。

（四）编写校史教育读本与开设课程

编写校史教育读本和开设校史相关课程是传承校史精神和文化的重要途径。这些课程和读本可以帮助学生系统地了解学校的历史和发展，从而更好地理解学校的办学理念和精神。此外，还可以开设专门的校史课程或讲座，邀请校史专家进行授课，使学生能够更深入地了解学校的历史和文化。

（五）开展校史教育活动

通过举办各种校史教育活动，如校史文化节、校史知识竞赛、校史故事分享会等，可以增加学生参与校史教育的机会，提高他们的兴趣和参与度。这些活动不仅能够丰富学生的校园生活，还能够促进学生对校史文化的深入了解和认同。

（六）利用网络平台进行校史教育

利用现代信息技术手段，如网络、虚拟现实等，创新校史教育的形式和方法。例如，开发校史教育的在线平台，制作校史相关的数字资源等，扩大校史教育影响力，宣传学校地方影响力。

第三节　高校校史教育的育人价值

高校校史教育广泛涵盖了价值导向与文化传承、情感认同与精神激励、社会主义核心价值观的培育与践行、文化育人与素质教育、校史文化的创新与传播，以及校史教育体系的构建与实现等多个方面，在高校人才培养中发挥着极其重要的育人价值。

一、文化育人价值

"校史文化所蕴藏的一所高校的深厚文化底蕴是大学生在校最根本的文化自信来源"[1]。这种文化自信不仅来源于对学校历史的了解和尊重，还包括对国家和民族历史的认识和自豪感。因此，高校应当深层探析与大学生最为密切相关的高校文化的重要组成部分——校史文化，以促进高校学生文化自信的建设。校史教育在促进大学生的文化自信和精神动力方面发挥着重要作用。

首先，在文脉传承与价值凝练方面，高校校史作为高校的文化传承，记录了学校的发展脉络和历史变迁，是高校精神的物质体现。它凝聚了丰富的时代内涵和鲜明的文化特质。通过校史资源的挖掘和传播，可以帮助学生理解和认同学校的文化价值观，从而增强文化自信。同时，"校史文化作为大学精神的重要来源，不仅包括物质文化和精神文化，还能开阔大学生的视野和熏陶情感，对提升大学生的人文素养具有重要作用"[2]。

其次，在教育资源建设方面。通过"构建特色校园文化景观、举办特色校园文化活动、开设特色校史文化课程以及建设实地与网络校史平台，可以有效地提升大学生的人文素养"[3]。通过整理和展示校史资料，如校史馆、纪念馆等，学校可以构建起一系列教育实践载体，使学生在参观学习中感受学校历史的厚重感，从而在心理上建立起对本校文化的

---

1 李潇曼，袁唯人.校史文化内涵与大学生文化自信建设关系研究 [J]. 文化创新比较研究，2018，2(13):10-11.
2 吴进，罗慧，张彪.高校校史的育人功能探析 [J]. 绵阳师范学院学报，2012，31(06):114-118.
3 金雁.以高校校史文化推进校园文化建设的路径研究 [D]. 西南交通大学，2011.

自信和自豪感。

再次，在环境熏陶与教育宣传方面，校史文化的氛围营造和宣传教育能够让学生在日常学习和生活中不断接触到校史元素，这种环境的熏陶有助于学生内化学校的历史和文化，进一步增强文化自信。

二、思政育人价值

高校校史教育在政治培养中充当重要角色，是培育学生思想和政治道德的宝贵资源。我们可以相信，校史教育满足了青年政治思想培养的改革与发展的内在需要，是一种价值传递手段。

校史文化作为一所学校积淀的精神灵魂，对于引领良好校风、涵育向上文化精神、塑造积极行为方式和构建学校内生力具有重要作用。校史文化能够有效地融入思想政治教育工作中，从而拓展当前高校思想政治教育工作的深度和广度。校史文化教育在大学生思政教育中扮演着不可或缺的角色，能够显著影响大学生的爱国思想、爱校思想和价值观。充分发挥校史教育在学生的思想道德规范、理想信念引领等方面起到的重要作用，有助于加强和改进大学生思想政治教育工作，充分发挥校史教育的信念引导、凝聚激励、陶冶情感等功能。历史是最好的教科书，校史文化为陶冶大学生道德情操提供了一种精神上的模范榜样。能够引导广大青年回眸历史，牢记为了教育事业发展而勇于奉献的先辈师者，内化蕴含的革命斗志、革命精神和革命文化，树立正确的历史观、文化观和国家观，勇做时代前列的奋进者、开拓者和贡献者。

（一）校史教育的价值引导作用

价值取向影响个人在特定情境下的行动选择，涵盖政治、审美和道德等方面。由于社会行为总是遵循特定的价值观，仅有正确的价值导向才能使人们科学地预测发展趋势，并积极追求价值成果。尤其在思想层面，正确的价值导向对个人和社会的发展至关重要。在校史教育中，通过使用生动、形象、多样化的历史素材，能够创设具有代入感的教学情境，使学生深刻体验历史人物和事件。在此基础上，教育者运用马克思主义理论进行解读，潜移默化地培养学生的理论思维和价值立场。这让学生能够更直观地了解社会主义的根源和中国革命先辈的实践，坚定他们对科学社会主义理论和共产主义理想的理解，增强思想政治教育的成效。

（二）校史教育的价值激励作用

激励是一种推动实现愿望和希望的动力。目标不仅源自价值导向，还受到价值激励的影响。当主体具备理性认识和情感体验时，会感受到认知对象的合理性，从而产生强烈的主动性和积极性。校史资源的价值激励主要体现在教育过程中，通过弘扬革命精神，如红船精神、井冈山精神等，激发学生的政治热情。参观红色文化基地和革命遗址，可以满足学生尝试新鲜事物的愿望，并影响他们形成积极的政治心态。探索将校史资源融入教育的多元途径，可以增强学生的正面价值观和信仰。

（三）校史教育的价值规范作用

价值规范，也称为社会行为规范，是实现理想所需的行为规则和标准。文化教育在传递规范的同时，以内在的方式塑造新人。精神文化作为价值规范的基础，直接指导人们的行为。校史资源的感染力和精神遗产是提高学生思想道德水平的重要资源，是规范行为的关键指标。在学生成长过程中，校史资源有助于他们树立正确的个人和社会价值取向，发扬民族精神，激发爱国情怀，并坚守道德品质。通过榜样的力量来感染和熏陶学生，帮助他们完善人格并将优良传统融入日常行为。

三、促进高校五育融合

为回答"培养什么人"的教育根本问题,"五育并举""五育融合"成为我国教育教学改革和发展的重要政策概念。"五育并举"以马克思主义关于人的全面发展学说为理论基础,核心在于通过德、智、体、美、劳五个方面的教育,促进学生的全面发展,实现教育的整体性和有机融合。这一理论强调了教育工作的全面性和完整性,以及在不同教育领域中实现价值塑造的重要性。结合五育并举理论,高校校史教育可以从以下五个维度开展。

一是校史教育融入德育。校史教育弘扬学校历史上的优良传统和革命精神,通过校史中的典型人物、重要事件和历史变迁,传递正面价值观和道德规范。可以通过开展以校史为主题的讲座、研讨会等,强化学生的社会责任感、集体荣誉感和使命感。

二是校史教育融入智育。校史教育介绍学校的学术传统、科研成就以及历史上的重要学者和思想贡献,激发学生的学习兴趣和求知欲望。通过整合校史资源,开设校史相关课程或讲座,提高学生的历史文化知识和批判性思维能力。

三是校史教育融入体育。校史教育回顾学校体育教育的发展历程,展示学校在体育竞技方面的成就,鼓励学生积极参与体育锻炼,增强体质。通过组织体育活动,如校史主题长跑、球赛等,培养学生的团队协作和竞争意识。

四是校史教育融入美育。校史教育展示学校的艺术文化成就,包括音乐、美术、戏剧等方面,提升学生的审美能力和文化艺术素养。通过举办艺术展览、音乐会等校史相关的文化艺术活动,为学生提供欣赏和创作美的机会。

五是校史教育融入劳动教育。校史教育呈现学校在劳动教育和社会实践方面的成果，教育学生尊重劳动、热爱劳动，培养实践能力和创新精神。利用校史资源，如校园建设故事、校友创业案例等，开展劳动教育和社会实践活动。

高校校史教育在五育并举理论的指导下，通过德育、智育、体育、美育和劳动教育的多维度内容，旨在全面培养学生的品德、知识、身体、审美和实践能力，形成健全的人格和全面发展的个体。这一教育模式有助于引导学生成为德智体美劳全面发展的社会主义建设者和接班人。

四、服务高校十大育人体系建设

三全育人是以习近平新时代中国特色社会主义思想为指导，全面贯彻党的教育方针，坚持社会主义办学方向，以立德树人为根本，建立完善"全员、全程、全方位"的育人体制机制。在三全育人视角下，十大育人体系强调的是将教育融入学生的日常学习和生活中，不仅仅是传授知识，更重要的是将价值塑造知识传授与能力培养有机结合。这一理念体现在课程、科研、实践、文化、网络、心理、管理、服务、资助、组织等各个子体系，涵盖了学生在校期间几乎所有的教育环节和生活方面。

一是课程育人。这是高校十大育人体系的主渠道，要求提高课程内容的实用性和启发性。通过设立校史相关课程，将学校的历史、文化、人物等纳入教学大纲，让学生在学习专业知识的同时了解和学习校史。二是科研育人。鼓励学生参与校史的研究与发掘，通过科研项目培养学生的探究能力和创新精神。三是实践育人。组织学生参观校史馆、参加校史事件的再现演绎等活动，增强学生的实践经验和社会实践活动能力。四是文化育人。利用校园文化活动，如校史知识竞赛、主题演讲等，提升学生的文化素养和创造力。五是网络育人。通过建设线上校史展馆、开发校史相关应用程序等，拓展学生的学习渠道和体验方式。六是制度育人。完善校史教育相关的规章制度，确保校史教育的质量和效果。七是服务育人。通过志愿服务等形式，让学生在服务中学习校史，培养服务意识和社会责任感。八是组织育人。通过学生会、社团等学生组织开展校史主题活动，提高学生的组织管理能力和自我教育能力。九是环境育人。营造良好的校园环境，如校史长廊、纪念雕塑等，使学生在日常生活中感受校史文化。十是国际交流育人。通过国际交流活动，让学生了解外国高校的校史文化，拓宽国际视野。

综上所述，高校校史教育可能涵盖了课程、科研、实践、文化、网络、制度、服务、组织、环境和国际交流等多个方面，形成了一个全面的育人体系。这些内容不仅包含了学习和传承学校历史文化的知识性教育，也强调了通过校史教育进行思想政治教育、品德教育、能力培养等多方面的育人功能。此外，校史教育还应深入挖掘校史中的红色资源和榜样力量，强化理想信念教育和时代新人培育，为学生提供强大的精神动力和优良的文化土壤。通过有效实施校史教育，促进社会主义核心价值体系建设，培养有理想、敢担当、能吃苦、肯奋斗的新时代好青年。

第三章　中国高校校史教育的百年历史经验

第一节　中国共产党领导下的高校
校史教育历史演进

　　一部高校校史就是一部中国共产党领导青年人不断奋进、慷慨激昂的奋斗史。中国高等学校发展的历史能够体现中国共产党创立和发展的历程，是党领导新民主主义革命、社会主义革命和建设、改革开放和社会主义现代化建设的百年历史。从中国高等教育的发展演进历程中，我们可以一窥中国共产党领导下的高校校史教育的百年演进。

　　一、校史教育的萌芽与探索阶段（1921—1949 年）

　　新民主主义革命时期，在中国共产党的领导下，我国高等教育主要服务于革命战争和民族解放的需要，形成了一系列具有特定历史任务和政治路线的教育实践。中国共产党极为重视干部教育，将其作为实现革命理想的关键途径。通过设立学校、建立教育机构等方法，努力培养能够适应新形势、满足新要求、完成新任务的杰出干部。这些教育活动不只包含思想政治教育，还涵盖了专业知识和业务技能的培训，以确保干部队伍的品质和效能。湖南自修大学、陕北公学、华北联大就是在这一历史时期成长起来，并最早探索校史教育的几所高校。

　　湖南自修大学是在抗日战争期间，在中国共产党领导下成立的一所大学。它的特色在于强调实践与理论的结合，注重培养学生的实际操作能力和革命精神。这种教育模式对于后来的高等教育发展产生了积极的推动作用。陕北公学是另一种形式的高等教育机构，它与根据地建设和抗日民族统一战线紧密相连，体现了"人民属性"的办学理念。这所学校不仅提供了传统的学术教育，还致力于培养革命干部，为中国革命事业输送人才。华北联大同样是在抗日战争期间成立的，它继承了陕北公学的办学理念，进一步加强了与革命实践的结合。华北联大在长期的办学过程中，始终坚持与中国革命现实主题紧密结合的原则，对中国近现代高等教育的发展产生了重要影响。

在这几所革命根据地创立的以马克思主义为指导的新型高等学校里，形成了教育与生产劳动相结合的优良学风，培养和造就了大批知识干部，这些干部在实践中积累了丰富的办学经验。这种教育模式不只有助于提高人民群众的文化水平，也为新中国的建设奠定了基础。其课程教学与育人体系通过马克思主义理论教育为核心，不断丰富和拓展教育内容，以适应革命形势的发展和人民群众的实际需求。这种教育方式有效地提高了党员干部和广大人民群众的理论水平和政治觉悟，为革命胜利提供了坚强的思想保证。

这一时期的高等教育探索对中国现代教育体系的建立具有划时代的意义，也奠定了以培养学生的革命意识和民族精神为核心的校史教育的萌芽。

二、校史教育体系初步建立与调整阶段（1949—1978 年）

1949 年至 1978 年间，我国高等教育经历了重要的发展和变革。在 1949 年至 1952 年期间，新中国成立初期，高等教育经历了从半殖民地半封建的旧式教育向民族的、科学的、大众的新民主主义教育的根本性转变。这一转变不仅涉及教育内容和方法的改革，还包括对高等学校的改造以及高等教育管理体制的确立。在这一过程中，如何有效融合红色文化与高等教育，成为一个重要的挑战。

这一时期，中国共产党领导下的高等教育机构不仅在数量上有所增加，而且在内容和形式上也进行了深刻的改革，以强化红色教育和培养社会主义建设者。1949 年新中国成立后，中央人民政府教育部迅速确立了以老解放区新教育经验为基础，吸收旧教育某些有用经验，并借助苏联经验来建设新民主主义教育的政策基点 [1]。这一政策直接影响了高等教育的发展方向，其中包括对高等教育的红色化倾向。1950 年 10 月，中国人民大学正式命名组建，这标志着中国共产党独立创办具有红色基因高校的开始。中国人民大学的成立，不仅是中国高等教育史上的一个重要事件，也象征着红色校史教育的正式启动。在这一时期，高等教育机构普遍采取了"向工农开门"的教育方针，即优先照顾工农青年和工农子女入学，这一政策旨在缩小城乡、不同阶层之间的教育差距，同时也是实现社会主义教育公平的一种尝试。

1949 年至 1978 年间，我国高等教育在校史教育方面取得了显著成就，不仅在制度和政策上进行了创新，而且在实际操作中也展现了红色教育的深远影响。这一时期的高等教育改革，为后续的教育发展奠定了坚实的基础。

1949 年至 1978 年间，中国共产党在教育领域实施了红色校史教育政策，注重培养学生的社会主义意识。这一时期的政策主要通过加强党史学习教育来实现。党史学习教育被纳入学校教育体系中，成为红色校

---

1 王定华，王名扬. 中国共产党领导高等教育百年的发展脉络、历史经验与未来走向 [J]. 中国高教研究，2021（06）：1-8.

史教育的一个重要组成部分。

三、校史教育现代化建设阶段（1978—2012 年）

这一时期，在经历了"文化大革命"后高考制度的恢复与重建，高等教育机构开始更加重视自身的历史传承和文化建设，校史教育开始重视历史传承和现代教育理念的结合。中国高等教育进入了改革开放的新阶段。这一阶段，教育制度经历了拨乱反正、恢复和重建，以及全面启动教育体制改革等一系列变革。这些变革为校史教育提供了更为宽松和开放的环境，有利于校史教育内容的丰富和校史教育方式的创新。到了 21 世纪初，随着"双一流"高校建设的推进，我国高等教育的国际化和现代化步伐加快。这一时期，高校不仅在硬件设施上进行了大量投资，也在软实力上进行了深入挖掘，包括校史教育在内的各类教育内容得到了进一步的丰富和完善。此外，从整体高等教育政策的演进来看，1978 年以后，随着改革开放的深入，高等教育管理体制、投资体制等发生变革，校史教育内容更加丰富，形式更加多样，开始注重培养学生的创新精神和国际视野。

总体来看，1978 年至 2012 年间，我国高等教育在校史教育方面呈现出从重视历史传承到加强国际化建设的转变。在这一过程中，不断有新的教育理念和方法被引入和实践，为我国高等教育的持续健康发展提供了坚实的基础。

四、新时代中国特色校史教育阶段（2012 年至今）

从 2012 年至今，新时代中国特色高等教育的发展过程中，校史教育也经历了显著的变化和发展。2012 年正值"十二五"规划期间，这一年中国高等教育在体制机制改革、提高教育质量等方面取得了重要进展。随后，中国高等教育持续推进制度设计和顶层设计，以科学完善的制度安排为全面推进改革奠定坚实基础。中国高等教育的发展重点转向高质量发展。这包括加强学科专业设置的调整优化，以及推动教育现代化。2022年，中国高等教育实施了一系列政策，如"五位一体"本科教育评估制度的确立和"新时代高教四十条"政策的出台，这些都旨在提升教育质量和管理水平。

中国高等教育还注重国际化和数字化的发展趋势。例如，2024年的教育热点之一是提升高等教育服务高质量发展能力，这涉及教育的数字化、国际化和绿色化。校史教育的功能和重要性在不断被强调。如延边大学的研究指出，校史教育不仅有助于留住历史、资政育人，还能推进社会主义核心价值体系建设和高校可持续发展。此外，刘一凡的研究也强调了校史教育在指导和推动当前及未来高等教育发展中的作用。多所高校开始重视校史在育人中的作用。例如，上海海事大学通过校史增强爱国主义教育效果，加强社会主义核心价值观建设。校史教育已经成为高校思想政治工作的一个重要组成部分。

从2012年至今，新时代中国特色高等教育的校史教育虽然取得了一定的进展，但仍需在理论研究、实践应用等方面进行深入探索和改进。通过加强校史教育，不仅可以丰富学生的知识结构，还可以有效地传承和弘扬中华优秀传统文化，为培养具有社会责任感和历史使命感的高素质人才提供支持。内涵式发展：高等教育进入普及化阶段，校史教育更加注重质量和深度，强调与国家发展紧密结合，培养学生的综合素质。

总体来看，随着中国社会经济的发展和教育体制的改革，高等教育从精英化走向大众化，高校数量和在学规模显著增长。这为校史教育提供了更广泛的平台和更多的受众。同时，随着国家对教育质量的重视，校史教育也逐渐从单纯的知识传授转变为更注重学生综合素质培养的模式。中国政府高度重视教育和文化的传承，出台了一系列政策和措施来支持校史教育的发展。例如，教育部等相关部门推动了校史馆的建设、校史教材的编写和校史研究项目的资助，为校史教育的开展提供了坚实的政策基础。高校获得了更大的办学自主权，能够根据自身的特色和需求制定校史教育的内容和形式。这有助于形成多样化、个性化的校史教育体系。同时，在全球化背景下，中国高校加强了与国际高校的交流与合作，这不仅促进了学术和文化的互动，也为校史教育带来了新的视角和方法。国际化的视野有助于提升校史教育的深度和广度。现代信息技术的发展为校史教育提供了新的工具和手段。通过数字校史馆、网络课程、虚拟现实等技术手段，校史教育能够更加生动、形象地展现学校的历史文化，吸引更多师生的关注和参与。

中国现时代高等教育发展背景之下的校史教育呈现出积极向上的发展态势，但也需要不断探索和创新，以适应时代的需求和挑战。

第二节　百年中国高校校史教育的历史经验

在中国百年高等教育掘进的历程中诞生了多所百年老校。这些百年老校体现了一种"中国式"的文化价值观念，即不仅要给大学以文明，更重要的是给文明以大学，强调了高等教育在文化传承和创新中的重要作用。百年老校承载着中国高等教育的发展历程，它们见证了中国从传统走向现代的教育变革，保留了丰富的教育历史和文化传统。这些学校往往拥有深厚的文化底蕴和独特的校园文化，为后来的学校提供了宝贵的经验和借鉴。

一、百年老校的校史教育典型案例

（一）北京大学^[1]

北京大学，前身是京师大学堂，是中国近代史上第一所国立综合性大学，创建于 1898 年。1912 年，随着辛亥革命的胜利，京师大学堂更名为北京大学。在中国高等教育发展历程中，北京大学不仅是教育和学术研究的中心，也是政治和文化变革的重要场所。蔡元培先生在任南京临时政府教育总长期间，被任命为北京大学的校长。他提出了"思想自由，兼容并包"的方针，这一方针极大地推动了北京大学的改革，使其在中国教育界和思想界产生了深远的影响。蔡元培还颁布了《大学令》，进一步明确了大学的教育目标和管理制度。北京大学在蔡元培的领导下，也见证了"五四运动"的发生，这是一场反对帝国主义、封建主义和官僚资本主义的学生运动，对中国社会和文化产生了深远的影响。

1916 年，北京大学在汉花园（今沙滩）兴建了新楼，即著名的北大红楼，成为近现代思想启蒙的标志。1927 年至 1929 年间，北京大学经历了动荡时期。在奉系军阀控制下，北大被视为民主传统的象征，因此遭受了严重的打击，包括教授李大钊等人被杀。此后，北大与其他几所国立学校合并，形成了国立京师大学校。1949 年中华人民共和国成立后，北京大学进入了新的发展阶段。1951 年，马寅初成为新中国成立后的第一任校长。进入 21 世纪后，北京大学在"211 工程"和"985 工程"的支持下，实现了快速的发展和国际化进程。2000 年，北京大学与北京医科大学合并，形成了今天的规模和结构。学校拥有多个校区

---

1 资料来源：北京大学校史馆官网，有改动。

和丰富的学科门类，包括人文、社会科学、经济与管理、理学、信息与工程科学和医学等。当前北京大学不仅在国内外享有盛誉，还积极参与国际交流与合作，致力于建设世界一流大学。

2023 年 5 月 4 日上午，北京大学建校 125 周年纪念大会在办公楼礼堂举行。有关领导、嘉宾、社会各界代表与北大师生校友代表欢聚一堂，共同回顾一个多世纪以来特别是近五年来学校的发展历程，展望建设中国特色世界一流大学的美好前景。

北京大学在 1998 年 5 月北大百周年校庆时修建北京大学校史馆，坐落于燕园校区西校门内荷花池畔。校史馆展出自办及与校内外单位或个人联合举办的校史专题展览外，特展"今日北大——北京大学发展成就展"，展出北京大学新时代的发展成就，设有北京大学百年校史陈列，以"爱国、进步、民主、科学"的光荣革命传统、"勤奋、严谨、求实、创新"的优良学风及"思想自由，兼容并包"的学术精神为主线，将北大百年发展历程分为九个阶段依次展示。设有北京大学名人墙，展出了北大历史上杰出的革命家、思想家、理论家、科学家、教育家的生平简介及照片。

2018 年，习近平总书记曾在北京大学师生座谈会上发表讲话，指出："五四运动源于北大，爱国、进步、民主、科学的五四精神始终激励着北大师生同人民一起开拓、同祖国一起奋进。青春理想，青春活力，青春奋斗，是中国精神和中国力量的生命力所在。今天，在实现中华民族伟大复兴新征程上，北大师生应该继续发扬五四精神，为民族、为国家、为人民作出新的更大的贡献。"

（二）中国人民大学 [1]

中国人民大学，作为中国共产党创办的第一所新型正规大学，其历史悠久且具有重要的教育和政治意义。学校的前身可以追溯到 1937 年成立的陕北公学，这是在抗日战争期间为培养抗日力量而设立的学校。随后，经过多次更名和合并，形成了今天的中国人民大学。在 1949 年中华人民共和国成立后，学校继续发展，并在 50 年代初期进行了一系列重要的学科建设，积极参与国家的重大项目，如"211 工程"和"985 工程"，这些都是中国高等教育发展中的关键举措。中国人民大学不仅在学术研究方面取得了显著成就，还在传承红色基因、坚持党的领导等方面发挥了重要作用。学校始终坚持马克思主义的指导地位，并致力于成为人文社会科学高等教育的重镇。这种坚定的政治立场和教育理念，使得中国人民大学在国内外享有很高的声誉。

2022 年，习近平总书记在对中国人民大学的考察中强调了加强校史资料的挖掘、整理和研究的重要性。学校更加坚定了在新时代背景下继续发扬光大红色传统和优良传统的决心。

（三）清华大学[2]

清华大学的校史始于 1911 年，最初名为"清华学堂"，是由清政府为了培养留美预备学校而建立的。1912 年，清华学堂更名为"清华学校"。1925 年，清华学校设立了大学部，这标志着其教育层次的提升。1928 年，学校正式更名为"国立清华大学"。1937 年，抗日战争爆发后，清华大学南迁至长沙，并与北京大学、南开大学共同组建了"国立长沙临时大学"。1938 年，该校迁至昆明并改名为"国立西南联合大学"。1946 年，随着战乱结束，清华大学迁回原址，即清华园，并在此基础

---

1 资料来源：中国人民大学校史馆官网，有改动。
2 资料来源：清华大学校史馆官网，有改动。

上发展出了文、法、理、工、农等 5 个学院和 26 个系。改革开放以来，清华大学进一步扩展和深化其学科建设，特别是在人文社会科学领域。1978 年以后，学校陆续恢复和建立了多个系和研究机构，如外语系、社会科学系等，并在 1993 年组建了人文社会科学学院。此外，1999 年中央工艺美术学院并入清华大学，成立了美术学院。进入 21 世纪后，清华大学继续推进国际化和多元化的教育策略，不断提升其全球竞争力。学校不仅在传统的理工科领域保持领先地位，还在人文社科等领域取得了显著成就。

2021 年，在清华大学建校 110 周年校庆日即将来临之际，习近平总书记考察清华大学。他指出："清华大学诞生于国家和民族危难之际，成长于国家和民族奋进之中，发展于国家和民族振兴之时。110 年来，清华大学深深扎根中国大地，培育了爱国奉献、追求卓越的光荣传统，形成了又红又专、全面发展的教书育人特色，为国家、为民族、为人民培养了大批可堪大任的杰出英才。这是一代代清华人拼搏奋斗、勇攀高峰、争创一流的结果。清华大学的发展历程，是我国高等教育发展的一个生动缩影。新中国成立以来，我国高等教育走过了从小到大、从弱到强的极不平凡历程，办学规模、培养质量、服务能力实现历史性跃升。特别是党的十八大以来，我国高等教育与祖国共进、与时代同行，创造了举世瞩目的发展成就。"

（四）湖南第一师范学院 [1]

湖南第一师范学院横跨了宋、元、明、清直至现代，见证了中国教育的发展和变革。其前身是南宋时期的城南书院，由抗金名将张浚及其子张栻于 1161 年创建，这是中国历史上著名的四大书院之一。随着

1 资料来源：湖南第一师范学院档案与校史馆官网，有改动。

时代的变迁，城南书院经历了多次更名和改制。到了 1903 年，学校已经发展成为具有一定规模的教育机构，并在后来的历史中继续扩大规模和提升教育层次。学校的毕业生中涌现出了许多杰出人物，如毛泽东、何叔衡、蔡和森、李维汉、任弼时、张国基、郑能量等，他们在各自的领域内做出了重要贡献。

2024 年 3 月，习近平总书记来到湖南第一师范学院（城南书院校区），了解毛泽东等老一辈无产阶级革命家在这里求学工作和学校发展沿革、教学特色等情况，并同师生代表亲切交流。参观青年毛泽东主题展览，了解学院发展沿革和用好红色资源等情况。在学院大厅，习近平总书记同师生代表亲切交流。他说，国家要强大，必须办好教育。一师是开展爱国主义教育、传承红色基因的好地方，要把这一红色资源保护运用好。学校要立德树人，教师要当好大先生，不仅要注重提高学生知识文化素养，更要上好思政课，教育引导学生明德知耻，树牢社会主义核心价值观，立报国强国大志向，努力成为堪当强国建设、民族复兴大任的栋梁之材。

二、中国高校校史教育的历史经验

百年中国高校校史教育的历史经验对于新时代的中国高等教育发展具有重要的借鉴意义。

一是坚持社会主义办学方向。坚持社会主义办学方向是中国特色社会主义教育的根本要求。自新中国成立以来，中国共产党一直强调教育工作必须由党来领导。例如，1961 年公布的《教育部直属高等学校暂行工作条例（草案）》明确指出，高校实行党委领导下的管理体制。这种领导方式确保了高等教育的方向和政策与国家的整体发展战略保持一致。百年老校在国家和民族的重大历史时期，始终站在服务国家战略需求的前沿。无论是抗战时期的坚守，还是改革开放后对科技创新的贡献，这些学校都能够积极响应国家号召，为国家的发展作出贡献。

二是坚持红色文化融入校史教育。积极推进校史党史宣传教育，以史鉴今、资政育人。强调大学生对国家历史的了解和民族精神的培养。加强革命传统教育，传承中国共产党的革命精神和斗争经验。加强社会主义核心价值观教育，融入高等教育全过程，引导学生形成正确的价值观念。加强红色文化教育，利用红色资源，培养学生的革命理想和信念。加强创新与实践能力培养，鼓励学生参与科研活动，提升解决实际问题的能力。加强红色基因的传承，遵循新时代强调红色文化教育，校史教育中融入红色基因，培养学生的爱国情怀和社会责任感。

三是坚持教育理念的传承与发展。百年老校之所以能够历经时间考验，一个重要因素是它们有着明确的教育理念，并且随着时代的发展不断进行创新和完善。中国高等教育在坚持教育理念的传承与发展中扮演着重要角色，不仅强调知识的传授和技能的培养，还重视价值观的塑造和创新能力的提升，以及社会责任的培养，旨在全面提升学生的综合素质，为社会的可持续发展做出贡献。例如，北京大学自蔡元培时期提出的"德才兼备"和"思想自由，兼容并包"的教育理念，至今仍对学校的发展和学生培养产生深远影响。强调学术研究与学术自由，学术研究的深度和广度是衡量一所大学水平的重要标准。百年老校往往拥有悠久的学术传统，如清华大学的"行胜于言"精神，鼓励师生在学术探索中勇于实践，不断推动学科前沿的发展。

四是注重文化传承与创新。文化是大学的灵魂，百年老校在传承中华文化的同时，也注重文化的创新发展。例如，南开大学的"允公允能，日新月异"校训，体现了其对传统文化的尊重和对现代科学的推崇。

党和政府高度重视中华优秀传统文化的传承与发展，认为这是中国特色社会主义植根的文化沃土，对延续和发展中华文明、促进人类文明进步具有重要作用。因此，在教育政策上为高校提供了支持和保障，鼓励高校在教学和研究中融入中华优秀传统文化的元素。高校作为文化传承与创新的重要场所，积极在学生中开展中华优秀传统文化教育，这不仅是为了适应时代形势和应对现实挑战，也是为了改变过去可能存在的"重智育轻德育""重教书轻育人"的现象。通过课堂教学、社团活动、讲座等多种方式，高校致力于将传统文化的精髓和现代教育相结合，培养学生的文化自信和文化责任感。

五是重视校园文化建设。校园文化是大学精神的外在表现，百年老校通过丰富多彩的校园文化活动，优化校园环境创新升级，培养学生的综合素质和团队协作能力，增强学生的归属感和认同感，为学生提供一个有利于其成长的环境。如同济大学，通过全校师生员工的共同努力，不仅入选全国文明校园先进学校，还获得了"全国文明校园"的称号，这些都是校园文化建设成效的体现。重视校风的建设，致力于培育良好的教风和学风，以此来凝聚教职工，陶冶学生，并对社会产生示范作用。通过举办各类文化活动，如文化节、社团活动等，将德育、智育、体育和美育有机结合，使学生在参与中提升思想道德素质、科学文化素质和健康素质。这些努力有助于学生形成正确的价值观念和行为习惯，为社会培养出有责任感和创造力的人才。

六是重视校史研究和编纂工作。校史的研究和编纂是对学校历史的回顾和总结，也是传承和发展学校精神文化的重要途径。例如，清华大学为了迎接建校 100 周年，出版了一系列图书，全面反映了学校百年的发展历程。许多高校设立了专门的校史研究机构，如校史研究室，负责组织和开展校史的收集、研究和编纂工作。这些机构通常会定期举办研讨会和讲座，推动校史研究的理论与实践相结合。投入资源编写纪念文册书籍、筹办校史展览等，以此来传扬大学的精神文化传统。例如，清华大学就曾举办百年校史展，展示其丰富的历史和文化。鼓励利用校史文化资源进行教学和育人工作，通过校史馆的建设与宣传，加强学生的历史文化教育，培养他们的校园归属感和荣誉感。随着时间的推移，校史研究不仅仅局限于存史修史，还包括了对学校办学传统与经验教训的总结，以及资政育人的作用发挥。通过建立研究机构、编纂校史文献、利用校史资源、深化研究内容和推广基层参与等多种方式，不断加强校史研究和编纂工作，以此服务于文化传承和以史育人的目标。这些工作不仅有助于保存和弘扬高校的文化传统，也为探索中国特色社会主义高等教育发展道路提供了重要的历史经验和参考。

第三节　新时代中国高校校史教育的基本路径

一、建立高校校史教育长效机制

高校应探索建立校史教育的长效机制，确保校史教育的持续性和有效性，为高校的可持续发展提供支持。

一是加强党委统一领导，成立专门的校史教育领导小组或工作委员会，负责校史教育的规划、实施和监督，确保校史教育有稳定的资金来源，确保工作的连续性和稳定性。

二是完善顶层制度设计，制定明确的校史教育政策和实施细则，将校史教育纳入学校教育教学的总体规划中，并为之提供必要的制度支持，构建复合式校史文化育人模式。

三是构建协同育人机制。发挥教师主导作用，夯实业务能力基础；强化学生主体地位，激发深层持久动力；发挥"四大课堂"合力，构建"大思政"格局。

四是丰富教育资源。建立校史资料室、校史展览馆或数字档案库，收集、整理和展示校史资料，为教学和研究提供丰富的资源。

二、锻造高水平校史教育教师队伍

锻造高水平校史教育教师队伍是实现校史教育目标的关键。

一是加强校史研究的力量。培养专业的校史研究人员，确保校史教育资源的深度和广度。建立学科交叉的研究环境，鼓励教师进行校史背景下的跨学科的学习和研究，将历史学、文化学、社会学、教育学等多学科知识融合到校史教育中。这样的研究环境可以帮助教师拓宽视野，提升综合素质。

二是加强校史教育专业培训。定期为教师提供校史教育的专业培训，包括校史知识、教学方法、教育理念等方面的内容。通过培训提高教师的专业素养和教学能力，使其能够更好地把握校史教育的内涵和要求。明确校史教育的目标与意义，使教师明确校史教育不仅仅是传授历史知识，更是传承学校文化、塑造学生身份认同和价值观的过程。教师应理解校史教育的深远意义，从而在教学中更加注重学生思想道德的培养和情感态度的引导。

三是强化实践教育。鼓励教师参与校史的实地研究和编纂工作，通过亲身实践来加深对校史的理解和认识。同时，通过研究发现新的教学内容和方法，不断提升校史教育的深度和广度。

四是设立激励机制。建立有效的激励和评价机制，对在校史教育方面表现突出的教师给予物质和精神上的奖励。这不仅能激发教师的积极性，还能吸引更多优秀人才投身校史教育事业。鼓励教师与国内外同行进行交流和合作，学习其他高校在校史教育方面的成功经验。通过参加学术会议、研讨会等形式，拓宽教师的国际视野。教学资源的开发与利用，支持教师开发和使用丰富的校史教育资源，如档案资料、图书、多媒体材料等。这些资源能够帮助教师更生动、直观地展现校史内容，提高教学效果。

三、将校史资源融入高校显性课程与隐性课程

将校史资源融入高校显性课程与隐性课程是实现校史教育全面覆盖的重要手段。通过挖掘校史资源，可以为思想政治教育提供丰富的素材和载体，增强教育的实效性和吸引力，全面纳入显性课程与隐性课程中去。

（一）校史教育显性课程

一是设计并开设专门的校史课程，如"校史研究""学校文化传承"等，将校史作为正式的教学内容。并将相关课程纳入人才培养方案，在课程大纲中明确校史教学的目标、内容和时间安排。

二是将校史资源融入思想政治课教学中。把校史教育作为推动思政课程体系科学化的重要契机，增强中共党史学科与马克思主义理论学科的协作互动，筛选党史元素针对性地融入对应章节，并设计对应的实施方式，结合授课实践，创新设计校史教育融入思政课程教学手段。如将校史资源纳入"中国近现代史纲要"课程教学中，不仅能够帮助学生深刻理解历史进程，还能够提升学生的认同感和获得感。

三是将校史资源融入专业课程教学中。改变传统的封闭性教学模式，实现从单向型向多元型的转变，通过立体化教学模式的构建，使校史校情教育在教学理念、内容、方法、考核等方面都有所突破。

四是将校史资源纳入学生教育实践。将校史资源的研究和探索纳

入实践教学环节，如组织学生参与校史博物馆的展览策划、校史资料的整理等。将校史资源纳入三下乡暑期大学生实践活动，通过"讲好校史故事"深入研究挖掘并整合校史资源，开展与校史相关的实践活动，如参观校史博物馆、参与校史故事分享会等，让学生在实践中学习和体验校史。

五是将校史资源融入学生毕业设计与项目实施，鼓励学生选择校史相关的课题进行课程设计和毕业论文撰写，深入探究校史问题。

（二）校史教育隐性课程

一是校园文化建设。通过校园内的纪念碑、雕塑、展览馆等物质文化形式，以及校庆日、纪念活动等非物质文化形式，将校史文化融入学生的日常生活。

二是开展社团活动。鼓励学生社团组织校史相关的活动，如校史知识竞赛、主题演讲、历史剧演出等，使学生在参与中感受校史文化。

三是开展仪式教育。利用开学典礼、毕业典礼等重要仪式，讲述学校的历史故事和精神传统，增强学生的荣誉感和归属感。

四是开展志愿服务与实践。开展校史馆、档案馆的志愿服务活动，让学生在实际工作中学习和传承校史。

五是拓展宣传阵地。利用学校官网、社交媒体等网络平台，发布校史相关的内容，如校史故事、历史图片、视频访谈等，扩大校史教育的影响力。

六是打造通过校园环境的设计与规划，如建立校史长廊、历史建筑的保护与利用等，将校史教育融入校园生活的每个角落。

通过上述方法，可以将校史资源有效地融入高校的显性课程与隐性课程中，使学生在不同的学习场景下都能接触到校史教育，从而在认知、情感和行为上受到校史文化的熏陶。

四、将校史文化融入校园文化建设

将校史文化作为校园文化建设的重要组成部分，深化校史文化与校园文化的融合，通过校史文化的传承和发展，促进校园文化的整体提升。

一是将校史教育内容融入校园文化活动。在校庆日、纪念日等特殊日子举办校史主题活动，如校史知识讲座、展览、辩论赛等，让学生在参与中了解校史。开展"校史周"或"校史月"系列活动，通过演讲、研讨、展览等形式，全方位展示学校的历史和文化。

二是将校史元素融入校园物质环境。在校园内设置校史长廊、校史馆、雕塑、壁画等，展示学校的重要历史事件、著名校友和校园变迁。保护和利用好校园内的历史建筑，使其成为讲述学校历史的活教材。

三是将校史资源用于教学与研究。鼓励教师和学生利用校史资源进行教学和科研活动，将校史研究成果转化为教学内容，让校史文化成为学生学习的一部分。

四是开展校史主题的社团活动。支持学生成立以校史为主题的社团组织，如校史研究会、摄影社等，通过社团活动让学生自主探索和传播校史文化。

五是校史教育融入新生入学教育。在新生入学教育中设置校史教育环节，通过讲座、参观等活动，让新生从一开始就对学校的历史和文化有所了解。

六是开展校史文化产品的研发。开发具有校史特色的文化创意产品，如纪念品、图书、影像资料等，增强校史文化的可感知性和传播力。大学纷纷推出大师剧、动画片、口述史、主题展、档案文库等校史文化产品，这些产品不仅丰富了校园文化生活，也将校史文化与中华优秀传统文化、革命文化和社会主义先进文化相结合，拓展了其育人功能。

通过上述方法，可以将校史文化融入校园文化建设的各个方面，充分利用校史文化作为教育资源，构建"环境熏陶＋教育宣传＋社会实践"的复合式校史文化育人模式，形成一种全方位的教育氛围，使学生在日常学习和生活中不断接触和感受到校史文化的独特魅力。

五、校地协同开展校史教育主题活动

校地协同开展校史教育主题活动是指学校与地方政府或社区合作，共同举办以学校历史为主题的教育活动。这种活动旨在通过深入了解学校的发展历程，传承学校的优良传统和文化，增强学生对学校的认同感和归属感，同时也让社区居民更加了解学校，增进学校与社区的联系，是将校史资源扩大到社会层面的有力举措。

一是建立校史文化大中小一体化育人开放协作平台。通过联合举办校史文化体验营、合作排演校园剧等方式，实现校史文化在不同教育阶段的传承和发展。与社会各界合作，邀请校友、专家学者等来校讲学、交流，利用社会资源丰富校史教育的内容和形式，提高校史教育的影响力和实效性。

二是定期举办以校史为主题的活动。如校庆日庆祝活动、校史知识竞赛、主题演讲比赛等，通过这些活动激发学生对校史的兴趣，增强学生的参与感和归属感。组织学生参加校史知识竞赛，通过答题的形式让学生了解学校的历史、文化和传统。可以邀请社区居民作为观众或评委，增加活动的互动性。在学校图书馆或展览馆举办校史展览，展示学校的历史文献、照片、实物等，让学生和社区居民共同参观，了解学校的发展历程。邀请学校的老师、校友或社区的历史学者为学生和社区居民举办校史讲座，讲述学校的发展历程、重要事件和人物故事。还可以举办校史文化节，包括校史知识竞赛、校史展览、校史讲座、校史微电影展映等多个环节，让学生和社区居民共同参与，共同庆祝学校的历史文化。

三是组织教育实践拓展项目。学生参观校史馆、参与校史研究项目、开展校史采访等活动，让学生在实践中深入了解学校的历史和文化，培养学生的实践能力和研究能力。将校史文化引入社区服务和交流活动中，让校园文化走进社区，同时也让社区居民了解学校历史。

四是深化校史文化与党史教育的融合。深入挖掘高校红色文化资源，将高校校史文化推广与党史学习教育融合发展，既可以加强高校校史文化建设，又可以促进高校开展党史学习教育成效。以南京体育学院为例，探索校史文化融入党史学习教育的实现路径，从而拓展党史学习教育的深度、广度和宽度。

五是协同开展校史文化经济。组织学生拍摄关于学校历史的微电影，展示学校的发展历程和优良传统。可以邀请社区居民参与演出，增加互动性。组织学生设计制作校史纪念品，如校徽、校旗、校歌等，展示学校的特色和传统。可以邀请社区居民参与投票，选出最具代表性的纪念品。组织学生为社区提供志愿服务，如环境整治、文化传播等，以此为契机向社区居民宣传学校的历史和文化。邀请学生和家长一起参加校史相关的亲子活动，如校史知识问答、校史手工制作等，增进家庭对学校历史的了解和认同。

通过以上实践活动，既可以让学生更加了解学校的历史和文化，增强对学校的认同感，也可以让社区居民更加了解学校，增进学校与社区的联系。同时，这种校地协同的方式也有助于培养学生的团队协作能力和社会责任感。

第四章　红色基因赋能高校校史育人功能

第一节　红色基因的内涵

一、红色基因释义

"红色"是中国共产党、中华人民共和国最鲜亮的底色。"红色"通常被认为是革命的色彩。在中国传统文化中，红色有尊贵、喜庆吉兆之意。在西方文化中，红色代表权力、鲜血和牺牲，是权力斗争的象征。在马克思主义思想与系列著作中，受西方文化与法国大革命的影响，"红色政权""红色国家""红色分子""红旗"多次出现，被认为是社会主义理论指导下工人运动的标志性颜色，是工人阶级革命运动、政党、政权与共和国的象征[1]。马克思主义赋予"红色"以反抗剥削与压迫、谋求无产阶级解放的无产阶级革命精神，并在20世纪马克思主义中国化的进程之中，深刻影响了中国无产阶级革命的历史进程，又以极具中国特色的中国共产党革命精神谱系在中国社会主义革命与建设事业中发展出更为丰富的内涵。

"基因"一般指人类的遗传因子，属于生物学概念，是人类生物性遗传进化的决定性因子。可复制特性和可变异特性是生物基因的两大重要特性，一方面基因通过自我复制确保生物特征的可持续遗传；另一

---

1 张栋.红色基因的生发溯源、历史演进及当代传承[J].江苏科技大学学报(社会科学版)，2023，23(02):29-35.

方面"基因突变"可导致遗传性状的"进化"或者"退化"。正是基于"基因"的上述两种特性,"基因"本义逐渐引申为"能够影响事物本质属性与传承发展的决定性因素",出现了"文化基因"的说法。在"文化基因"的理论观照下,基因还可以理解为一种对民族、国家文化起决定性影响的文化传统、价值理念、基本精神、文化心理与思维方式等观念和精神形态的总和。[1]

如果认同"文化基因"是一种"文化内涵组成中的一种基本元素,存在于民族或族群的集体记忆之中,是民族或族群储存特定遗传信息的功能单位"[2];认可文化基因是能够决定民族文化本性与发展走向的决定性因子,那么"红色基因"就可以被看作是一种从中华优秀传统文化中而来,对近代中华民族文化和历史发展产生深远影响,并且能够对实现中华民族伟大复兴产生持续影响力的文化传统、价值观念、革命精神与思维方式的集合。

那么,"红色基因"就是近代以来中国共产党领导人民在为实现民族独立、人民解放、国家富强、人民幸福的伟大斗争中,将马克思主义基本原理同中国革命、建设和改革的具体实际相结合,不断对中国文化进行创造性转化和创新性发展的文化实践中所形成和发展起来的一种文化基因。

二、红色基因的内涵

红色基因深植于先进的无产阶级思想理论、伟大的民族精神与革

---

1 吴娜.红色基因的文化学考察[J].人民论坛,2015(35):182-184.DOI:10.16619/j.cnki.rmlt.2015.35.007.

2 徐杰舜.文化基因:五论中华民族从多元走向一体[J].湖北民族学院学报(哲学社会科学版),2008(03):9-14.

命精神、崇高的理想信念及蕴含中华民族精神的优良传统作风之中。

（一）先进的无产阶级思想理论

红色基因以其独特的文化和精神内涵，成为中国共产党领导无产阶级革命取得胜利的重要基石。红色基因蕴含着先进的无产阶级思想理论，是中国共产党在革命和建设中不断取得胜利的思想武器和精神支柱。

在抗日战争时期，毛泽东同志在向中共中央南方局的主要领导人发布命令时，特别强调了共产主义思想宣传的重要性和马克思列宁主义学习的必要性。他指出，若不扩大共产主义思想的宣传，不加强马克思列宁主义的学习，就不能引导中国革命走向社会主义阶段，甚至无法指导当时的民主革命取得胜利。这一论断深刻揭示了先进无产阶级思想理论在革命战争时期的重要作用，它不仅是共产党人和革命志士的精神武器，更是推动革命事业不断前进的强大动力。

红色基因的内涵丰富而深刻，不仅包括了马克思主义理论的基本原理，更涵盖了马克思主义中国化的理论成果。这些理论成果是中国共产党在长期实践中，将马克思主义的普遍原理与中国革命和建设的具体实际相结合的产物，是中国共产党人智慧的结晶。在新时代，为了使红色基因得以代代相传，我们必须继续用这些先进的无产阶级思想理论武装全党，使之成为全党全国人民实现伟大复兴中国梦的行动指南。

习近平新时代中国特色社会主义思想作为马克思主义中国化的最新理论成果，是新时代中国共产党的思想旗帜。这一思想深刻回答了新时代坚持和发展什么样的中国特色社会主义、怎样坚持和发展中国特色社会主义的重大时代课题，为实现中华民族伟大复兴提供了行动指南和理论支撑。因此，在新时代背景下，我们更应将这一思想作为全党全国人民的行动指南，不断深化对红色基因的理解和传承，使之成为推动中国特色社会主义事业发展的强大精神力量。

（二）伟大的民族精神和革命精神

红色基因之所以能激励中国共产党始终保持奋发进取的精神状态，使之砥砺前行，是因为其囊括了伟大的民族精神和革命精神。红色基因内含伟大的民族精神，伟大的民族精神是中华民族文化经历万千劫难而不衰的生命源泉，爱国主义在民族精神中居于核心地位。在民族危亡时期，中国共产党以民族大义为重任，毅然主张"停止内战，一致对外"，提出了抗日民族统一战线政策，极大地唤醒了中国人民强烈的民族意识。红色基因内含伟大的革命精神。在一个个艰难险阻面前，我们党凭借着这样一股革命热情，战胜了敌人，最终取得了革命胜利，今天面对我们工作和生活中出现的精神懈怠、懒散等现象，我们更要始终以伟大的民族精神和革命精神为激励，保持奋发进取的精神状态，将红色基因代代相传下去。同时，中国共产党领导人民奋斗的历史也是一部改革创新史，面对不同时期的不同困难我们党始终坚持改革创新。在新时代，我们仍然需要不断进行改革创新，实现伟大复兴的中国梦。

（三）崇高的理想信念

在红色文化的遗传密码中，红色基因以其独特的精神内核，承载着崇高的理想信念。这些理想信念，如同历史的灯塔，照亮了中国共产党在革命战争年代的前行之路，成为其取得胜利的重要精神支柱。在那波澜壮阔的革命历史时期，中国共产党人始终坚守对马克思主义的信仰，对社会主义和共产主义的信念，这种坚定不移的信念，是他们战胜一切困难、取得最终胜利的关键所在。

革命先驱李大钊同志，在面对绞刑架的严峻考验时，依然豪情满怀地发出了"我们深信，共产主义在世界、在中国，必然要得到光荣的胜利"的誓言。这一豪迈的宣言，不仅展现了早期革命党人对马克思主义崇高理想的坚定信仰，更是红色基因中理想信念的生动体现。邓小平同志也曾深刻指出："为什么我们过去能在非常困难的情况下奋斗出来，战胜千难万险使革命胜利呢？就是因为我们有理想，有马克思主义信念，有共产主义信念。"这番话深刻揭示了理想信念对于中国共产党人的重要性，它们是支撑共产党人在艰难困苦中不断奋斗的精神力量。

进入新时代，习近平总书记多次强调，理想信念就是共产党人精神上的"钙"。没有理想信念，理想信念不坚定，精神上就会缺"钙"，就会得"软骨病"。这一论述，不仅重申了理想信念的重要性，更是对新时代共产党人的殷切期望和严格要求。

（四）优良的传统作风

红色基因作为中国共产党精神谱系中的宝贵财富，蕴含着一系列优良传统作风，其中包括理论联系实际、密切联系群众、批评与自我批评等党在长期革命斗争中形成的精神特质，这同时也是党不断发展壮大的重要保证。

这些在革命斗争中形成的优良传统作风，已经逐渐融合、积淀为红色基因，成为党内政治文化的重要组成部分。它们鼓舞着一代又一代中华儿女，在实现个人梦、国家梦的道路上坚定理想信念，勇往直前。2016 年 10 月 27 日，习近平总书记在谈及党内政治生活时强调："光荣传统不能丢，丢了就丢了魂；红色基因不能变，变了就变了质。"这一论述，深刻指出了三大优良作风在党内政治文化中的核心地位，强调了中国共产党人要始终坚守这份宝贵的红色精神财富。

三、关于"红色基因"的重要论述

2011年6月20日《人民日报》发表《让"红色基因"代代相传》一文，是红色基因在官方层面的首次使用。2013年2月4日，习近平总书记在视察原兰州军区时首次提出"红色基因"一词，学术界开始逐渐展现出对红色基因的关注，红色基因已经成为中华民族精神的核心代名词。红色基因是中国共产党人的精神内核，是中国共产党在革命、建设、改革的历史进程中，始终坚持以马克思主义为指导，坚持根植于中华五千年的优秀传统文化，不断凝聚升华而铸就的红色文化精神，是中国共产党人历经百年形成的精神血脉和生命密码，是面向时代新人进行政治引领和价值观塑造的精神纽带。

党的十八大以来，习近平总书记高度重视红色基因的传承，多次发表重要讲话、作出重要指示，把弘扬红色文化摆在更加突出的位置，用好红色资源、传承红色基因、赓续红色血脉。习近平总书记强调，"要把红色资源利用好、把红色传统发扬好、把红色基因传承好"，"加强革命传统教育、爱国主义教育、青少年思想道德教育，把红色基因传承好，确保红色江山永不变色"。这些重要论述充分彰显了习近平文化思想中深厚的红色底蕴和精神内核。我们要在传承弘扬红色基因的实践中，加深对习近平文化思想的理解和把握，更加深刻地领悟习近平文化思想的丰富内涵和实践要求，引导青年树立正确的历史观、民族观、国家观、文化观，不断提高他们的思想觉悟和道德修养，激发他们强烈的爱国主义、集体主义与社会主义精神，让广大青年在传承红色基因中牢固树立对马克思主义的坚定信仰、对中国特色社会主义的坚定信念、对中华民族伟大复兴的中国梦坚定信心。

作为我国红色文化的重要构成，红色校史构成了高校文化鲜明的基石，同时也是一所高校的标志性象征。红色校史详细记录着革命先驱们筚路蓝缕的建校历程，真实反映了学校当前的发展状态，并蕴藏着珍贵的育人价值和作用。习近平总书记在中国人民大学考察时强调"要加强校史资料的挖掘、整理和研究"，提出"使红色基因渗进血液、浸入心扉""大力发扬红色传统、传承红色基因，赓续共产党人精神血脉，始终保持革命者的大无畏奋斗精神，鼓起迈进新征程、奋进新时代的精气神"。这些重要论述都彰显了深挖红色校史、传承红色精神的重要性，对引导大学生树立家国情怀、厚植爱党爱国信念、增强爱校荣校情感，具有重要的理论和现实意义。

第二节　红色基因的铸魂育人价值

红色基因作为一种深植于中华民族精神中的独特文化标识，其强大的精神力量对于校史教育具有重要的赋能作用。大学生是实现第二个百年奋斗目标、全面建成社会主义现代化强国的生力军。青年阶段也是人生的"拔节孕穗期"，是世界观、人生观、价值观形成的关键时期。强化红色基因的大学生铸魂育人功能，对引导青年树立正确的国家观、民族观、历史观、文化观，扣好人生的第一粒扣子，确保红色血脉代代相传，红色江山永不变色具有重要价值。

一、红色基因的育人价值

（一）红色基因是坚定大学生理想信念的坚实基石

在当今复杂多变的国际国内环境下，大学生理想信念的塑造显得尤为重要。红色校史中蕴含的中国共产党人为民族谋复兴、为人民谋幸福的初心与使命，以及他们不懈奋斗的精神，为大学生提供了宝贵的精神滋养。通过深入学习红色校史，大学生能够深刻感受到革命先烈的崇高理想和坚定信念，从而坚定自己的信仰，增强对各种错误思潮的抵抗力。高校作为立德树人的重要阵地，必须充分发挥红色校史在理想信念教育中的独特作用，激励师生为实现中华民族伟大复兴的中国梦贡献力量。

（二）红色基因是涵育人文素养的宝贵财富

高校文化建设是落实立德树人根本任务的重要途径，而红色校史则是校园文化建设的重要组成部分。红色校史中的物质文化资源和精神文化元素，为校园文化建设提供了丰富的素材。通过挖掘和利用红色校史资源，我们可以构建良好的校园文化环境，使学生在一景一物中感受红色文化的魅力，提升自己的人文素养。同时，开展形式多样的红色文化活动，如主题班会、征文比赛等，可以让学生在参与中感悟红色文化的精神内涵，自觉传承和发扬革命精神，提升自身的文化素养。

（三）红色基因是增强爱校荣校情怀的生动教材

红色校史记录了一所学校的发展历程和奋斗历程，承载了师生的共同记忆和精神追求。通过学习和传承红色校史，大学生能够深入了解学校的过去、现在和未来，增强对学校的认同感和归属感。同时，红色校史中的先进典型和英雄事迹，能够激发学生的爱国情感和民族自豪感，增强他们的爱校荣校情怀。高校应将红色校史作为新生入学教育的重要内容，贯穿大学生活始终，让学生在红色文化的熏陶下健康成长。

（四）红色基因是树立文化自信的重要支撑

文化自信是一个国家、一个民族发展中最基本、最深沉、最持久的力量。红色校史作为中华优秀传统文化的重要组成部分，为大学生树立文化自信提供了重要支撑。通过学习红色校史，大学生能够深刻感受到中华文化的博大精深和独特魅力，增强对中华文化的认同感和自豪感。同时，红色校史中的革命精神和先进文化，能够激励大学生在传承中创新，在创新中发展，为中华文化的繁荣发展贡献自己的力量。

二、红色基因的校史教育价值

传承红色基因是高校校史教育的主要内容，红色基因与校史教育资源、校史文化之间存在着密切关联，红色基因与校史教育之间的耦合关系决定了挖掘红色资源、深耕红色文化、传承红色基因是高校校史教育的主要内容、基本路径与最终目的。

（一）红色基因是高校校史的血脉精魂

红色基因作为中国共产党在长期革命、建设和改革实践中形成的革命精神和革命文化的传承，其内涵包括坚定的理想信念、艰苦奋斗的精神、服务人民的宗旨等。这些精神内核在高校校史教育中占据着核心地位。高校校史教育是记录学校发展历程、传承学校文化的重要途径。而红色基因作为学校文化的重要组成部分，贯穿于学校发展的始终。在学校的历史长河中，那些为革命事业付出过努力、为学校建设作出贡献的先辈们，他们的奋斗历程、精神风貌都是红色基因的具体体现。因此，高校校史教育不仅仅是回顾学校的历史，更是传承和弘扬红色基因的过程。

校史教育则是高校传承红色基因的重要途径，通过对学校发展历程的回顾和梳理，提炼出学校独特的办学理念和精神内核，这些精神内核往往与红色基因有着紧密的联系。因此，高校通过校史教育，可以使学生更加深入地了解红色基因的内涵和价值，从而增强对红色基因的认同感和归属感。

　　高校校史教育通过讲述学校的历史故事、展示学校的文化遗产，为红色基因的传承提供了生动的载体。在学校的发展历程中，那些具有红色基因特色的历史事件、历史人物、革命遗址等，都是红色基因传承的重要资源。通过校史教育，学生可以深入了解学校的红色历史，感受红色文化的魅力，从而激发他们对红色基因的认同感和自豪感。同时，校史教育还可以引导学生将红色基因内化于心、外化于行，将红色基因的精神内核融入自己的学习和生活中去。一方面，红色基因的传承可以丰富高校校史教育的内涵和形式。通过将红色基因融入校史教育中，可以使校史教育更加生动、具体、有感染力。另一方面，高校校史教育也可以为红色基因的传承提供新的思路和方法。通过挖掘学校历史中的红色元素，可以创新红色基因传承的方式和途径，使红色基因的传承更加深入人心。通过红色基因的传承和高校校史教育的学习，学生可以深入了解党的革命历史、学校的发展历程和红色文化的内涵。这不仅可以培养学生的爱国主义情感和民族自豪感，还可以帮助学生树立正确的世界观、人生观和价值观。同时，红色基因和高校校史教育还可以激发学生的创新精神和创业意识，培养学生的实践能力和社会责任感。这些都有助于学生全面发展成为具有社会责任感、创新精神和实践能力的优秀人才。

　　（二）高校是传承红色基因的主阵地

　　"高校，作为巩固马克思主义指导地位、发展社会主义意识形态的关键阵地，承载着培育能够担当民族复兴大任的新时代青年的崇高使命"[1]。在当前世界正经历百年未有之大变局下，国际国内形势的深刻

---

1 李昌祖, 郑苏法. 高校校史校情的德育资源及其开发 [J]. 思想教育研究 ,2010(06):86-89.

变动导致不同思想文化间的交流、交融、交锋日益频繁，社会思潮呈现出多元、多样、多变的态势，这些变化对青年学生的成长成才产生了深远影响。值得注意的是，当代青年学生思想活跃、视野开阔，具备强烈的创新创业意识，他们对中国梦的实现充满信心和热情。然而，在信息日益复杂和多元化的背景下，他们的主流意识形态和价值观念尚需进一步形成和得到持续的正面引导。

因此，加强对青年学生的红色教育显得尤为重要。我们需要将红色基因深深融入青年学生的心灵深处，让他们在传承红色基因的过程中感悟传统精神、把握红色历史脉络、铭记红色记忆。通过这样的方式，青年学生将成为红色精神的忠实守护者、坚定传承者和自觉践行者。最终，这将有助于培养他们的爱国情怀、社会责任感、创新精神和实践能力，使他们成为能够堪当时代重任的杰出人才。高校具有人才培养、科学研究、文化传承、社会服务的四大基本功能，最重要的就是具有承载着培育社会主义建设者和接班人的历史使命。

高校作为培养社会主义建设者和接班人的主要阵地，其人才培养目标与社会主义核心价值观紧密相连。在人才培养过程中，高校不仅注重学生的专业知识传授和技能训练，更加注重学生的思想道德教育和价值观培养。红色基因作为社会主义核心价值观的重要组成部分，对于培养学生的爱国情怀、民族精神和革命精神具有重要意义。因此，高校将红色基因融入人才培养全过程，可以帮助学生树立正确的世界观、人生观和价值观，培养他们的社会责任感和历史使命感。在当前复杂的国际环境和国内形势下，高校更需要发挥其在思想政治教育中的主阵地作用，通过传承红色基因，培养具有坚定理想信念、高尚道德情操、强烈社会责任感和创新精神的新时代青年。

高校既是文化传承的重要载体,也是文化创新的重要基地。在文化传承方面,高校通过校史教育、红色文化讲座、红色主题班会等多种形式,向学生传承红色基因所蕴含的革命精神和优良传统。同时,高校还积极开展红色文化研究和创新,不断挖掘红色基因的时代价值,推动红色文化的传承和发展。这种文化传承和创新的过程,不仅有助于丰富校园文化内涵,提升校园文化品质,还有助于推动社会主义文化繁荣兴盛。

高校作为社会的重要组成部分,其社会服务功能日益凸显。在传承红色基因方面,高校通过发挥自身的优势和特点,积极向社会传承红色基因所蕴含的正能量和积极价值观。例如,高校可以组织学生开展红色主题社会实践活动、志愿服务活动等,让学生亲身感受红色文化的魅力和力量。同时,高校还可以与地方政府、企事业单位等合作开展红色文化研究和传承项目,共同推动红色基因的传承和发展。这种示范引领作用不仅有助于提升高校的社会影响力和美誉度,还有助于推动整个社会的红色文化传承和发展。

高校具有高层次人才智力资源的优势,是全社会研究人员最集中的地方。利用高校学科齐全、综合性强的特点,开展跨学科合作研究,将红色基因与不同学科领域相结合,如历史学、社会学、政治学、文学等,从而更全面地揭示红色基因的多维度价值。高校可以组建专门的红色基因研究团队,汇聚具有深厚理论基础和丰富研究经验的专家学者,共同开展红色基因研究工作。团队的建设将有助于提升红色基因研究的水平和质量。定期举办红色基因学术交流活动,邀请国内外相关领域的专家学者进行学术交流和研讨。通过交流活动,可以分享最新的研究成果和经验,推动红色基因研究的深入发展。通过媒体、网络等渠道,加强红色基因研究成果的宣传和推广。让更多的人了解红色基因的价值和意义，增强对红色基因的认同感和自豪感。

（三）高校校史教育是传承红色基因的重要途径和方式

高校校史教育具有渗透性的特点，它不仅仅是通过直接的教学来进行，更重要的是通过校园环境、文化氛围、实践活动等多种途径来潜移默化地影响学生。校史教育作为高校德育的重要组成部分，通过讲述学校的历史、传统、成就和特色，将红色基因渗透到学生的日常生活中，使学生在不知不觉中受到熏陶和影响。另一方面校史教育使用的是更加鲜活的身边的人与事，具有强烈的真实性与感染力，讲述的内容是学校自身的历史和文化，具有真实性和可信度。学生可以通过参观校史馆、访问校友、参与校史活动等方式，亲身感受学校的红色基因，这种真实的体验能够增强学生的情感认同和共鸣，使红色基因的传承更加深入人心。

校史教育是校园文化的重要组成部分，它不仅能够丰富学生的精神世界，还能够塑造学生的品格和价值观。通过校史教育，学生可以深入了解学校的文化传统和红色基因，形成具有特色的校园文化氛围。这种文化氛围能够影响学生的思想观念和行为习惯，使红色基因成为学生的自觉追求。课堂教学、讲座、实践活动等形式可以相互补充、相互促进，形成全方位、多角度的校史教育体系。通过多元化的教育形式，学生可以更加深入地了解学校的历史和文化，感受红色基因的力量和魅力。

校史教育还能够通过展示学校与国家重大事件的关联，帮助学生理解国家的发展历程和社会主义核心价值观。例如，北京大学和清华大学等高校通过挖掘和利用校史资源，加强了四史（即党史、新中国史、改革开放史、社会主义发展史）教育，这不仅有助于传承红色基因，也促进了学生的全面发展。校史教育还可以通过多样化的方式进行，如校史展览、沉浸式宣讲等，这些都能有效提升教育的吸引力和影响力。通过这些活动，学生不仅能够学习到知识，还能够体验到情感共鸣，从而更好地理解和接受红色基因。

总之，高校校史教育通过丰富的内容和多样的形式，不仅能够增强学生的历史使命感和责任感，还能够有效地传承和弘扬红色基因，为培养具有社会责任感和历史使命感的新时代青年提供了重要支持。

第三节　红色基因赋能高校校史教育

将红色基因熔铸入高校校史教育是由我国高等教育在中国共产党领导下的教育发展历史与中国社会革命历史之间的密切关系所决定的，是传承红色基因，切实开展新时代高校校史教育的必然选择。

一、红色基因融入高校校史教育的价值意蕴

（一）红色基因强化大学生理论认同

红色基因对大学生深刻理解马克思主义理论有积极意义。习近平总书记指出："理论上清醒，政治上才能坚定。坚定的理想信念，必须建立在对马克思主义的深刻理解之上，建立在对历史规律的深刻把握之上。"理想信念的坚定来自思想理论的坚定，思想理论的坚定来自对马克思主义的深刻理解。红色基因是中国共产党领导中国人民在革命、建设和改革的伟大实践中创造的先进精神文化。将红色基因融入大学生理想信念教育，能够教育引导大学生在了解历史中把握历史，准确认识历史发展规律和大势，深刻感悟和把握马克思主义真理力量，强化大学生的理论认同，引导大学生做马克思主义的坚定信仰者、积极传播者、忠实践行者。

（二）红色基因强化大学生价值引领

红色基因对引导大学生树立正确价值观有积极意义。红色基因将对马克思主义的坚定信仰、爱国主义情怀、以人民为中心的价值取向贯穿于各个历史阶段，体现了中国共产党人坚定的政治立场和政治方向，是中国共产党人历史观、国家观、民族观、文化观的集中体现。理想信念是人的精神寄托和行动指南，影响着人的价值取向和行为选择，是人的价值观的集中体现。红色基因承载着中国共产党人的初心和使命，具有强大的精神感染力，可以引导大学生在面对复杂的社会环境以及不良价值观的影响时做出正确的价值选择。

（三）红色基因强化大学生自觉担当

红色基因对培养担当民族复兴大任的时代新人有积极意义。红色基因记录了中国共产党人为实现共产主义远大理想浴血奋战、舍生忘死、英勇奋斗的场面，体现了中国共产党人为实现国家富强、民族振兴、人民幸福而不屈不挠的坚强意志，是共产党人理想信念的集中体现。加强理想信念教育，就是要坚持用习近平新时代中国特色社会主义思想铸魂育人，培养担当民族复兴大任的时代新人。红色文化资源中的红色遗址、红色文物、红色故事等所蕴含的理想信念、精神追求和行为规范，是进行大学生理想信念教育最有说服力的教材，可以产生强大的感染力，在潜移默化中影响和改变大学生的思想动态和行为选择，促使大学生牢记历史、立足现实，树立崇高的理想信念，坚决拥护党的路线方针政策，成为政治上、思想上、意志上靠得住的人才。将大学生理想信念教育与红色文化有机融合，不仅有利于赓续红色血脉，而且为大学生理想信念教育提供了理论支撑和价值追求。

二、红色基因融入高校校史教育的育人功能

（一）红色基因赋予校史资源以最醒目的色彩

校史，如同一部鲜活的立德树人"教科书"，汇聚了高校历史与现实的交融、物质与精神的并蓄、显性与隐性的育人资源，其中红色更是最为醒目的色彩。正如古语所云"见贤思齐焉"，校史中蕴藏着丰富的红色文化资源，这些是在不同历史时期涌现出的楷模，他们胸怀祖国、忠诚于党、献身科学、自力更生、艰苦朴素、甘为人梯、拼搏奉献，他们的"事迹可学可行，精神可追可慕，为新时代人才的培养提供了丰富的道德滋养和强大的精神支撑。

"红色基因是中国共产党领导全国人民在革命、建设和改革开放时期实现民族独立和国家富强过程中凝聚的、以中国化马克思主义为核心的红色遗存和红色精神"[1]。而校史资源则是一所学校在发展过程中积累的历史、文化、传统等资源。红色基因作为一种精神文化，可以为校史资源提供精神支撑和价值引领，使校史资源更加具有感染力和号召力。同时，校史资源也可以为红色基因的传承提供具体的载体和形式，使红色基因更加具体化和生动化。红色基因和校史资源都具有重要的教育功能。红色基因可以激励师生坚定理想信念、增强爱国主义情感、培养艰苦奋斗精神等；而校史资源则可以帮助学生了解学校的发展历程、传承学校文化、增强归属感和荣誉感等。两者在教育功能上相互促进，共同推动学校教育事业的发展。红色基因和校史资源都需要得到传承和发展。红色基因的传承需要借助各种形式的教育活动和文化产品来推广和普及；而校史资源的传承则需要通过挖掘和整理学校历史、传承学校

---

1 彭正德，江桑榆.论红色基因及其在新时代的传承 [J]. 湖南社会科学，2021(01):12-20.

文化等方式来实现。两者在传承与发展上相互支持，共同推动学校文化的传承和创新。

高校应当善于运用这些红色校史资源，深入挖掘并利用其中的模范人物精神，以强化文化育人功能，让红色校史资源中的育人导向、示范和激励功能得以充分展现。通过深入挖掘和整理校史资源中的红色基因元素，可以将红色基因与校史资源有机结合起来，共同推动学校文化事业的发展。

首先，红色校史资源应发挥其坚定的理想信念导向功能。理想信念是新时代人才砥砺前行的精神动力。高校红色校史文化承载着中国共产党人革命奋斗中的高尚精神和崇高理想，展现了学者们坚守育人初心、担当育才使命，忠诚于国、敬业奉献的精神风貌。高校需利用这些资源，引导学生传承前辈的高尚精神和优秀品质，摒弃市场功利化等多重因素的负面影响，树立崇高理想，用理想之光照亮前行之路，铭记初心使命，强化责任担当。

其次，红色校史资源应体现其鲜明的育人示范功能。红色校史是一部波澜壮阔的奋斗史，是一部各具特色的编年史，更是一部不断孕育和弘扬革命精神的文化史。老一辈学人将自己的全部心血倾注于党的教育事业，展现了德高为师、身正为范的崇高道德和精神，对一代又一代的青年学子产生了深远影响。高校应充分发挥这些学人的榜样作用，引导新时代人才铭记历史、爱国爱校，为学校、社会和国家的发展贡献力量。

最后，红色校史资源应激发其强大的育人激励功能。红色校史文化不仅展现了中国共产党人在追求革命真理和民族独立过程中的风采和气概，也体现了中国特色社会主义大学求真务实、艰苦奋斗、自强不息的精神风貌。"教育家精神"已成为高等教育的重要精神支柱，也是中国知识分子爱国奋斗的象征，激励着一代又一代师生不忘初心、矢志报国。[1] 高校应充分利用这些红色校史文化的动力，激发新时代人才的精神支柱，培养爱国情怀，砥砺强国之志，从红色校史中汲取智慧和力量，勇往直前。

（二）红色基因赋予校史文化以最鲜活的底色

在中国共产党历经风雨的奋斗历程中，高校红色校史文化成为其高等教育发展的历史烙印。这一文化所蕴含的深厚底蕴、不屈不挠的奋斗精神以及独到的育人理念，对当今高校坚持社会主义教育方向，落实立德树人的根本宗旨，以及坚定地为党育人、为国育才的崇高使命，都具有不可或缺的指导意义。

从内容上看，红色基因作为中国共产党领导中国人民在革命、建设和改革过程中形成的宝贵精神财富，蕴含着丰富的革命精神和优良传统。而校史文化则是一所学校在长期发展过程中积累的历史、传统、文化等元素的集合，体现了学校的独特魅力和精神风貌。红色基因与校史文化在内容上相互补充，红色基因丰富了校史文化的精神内涵，使校史文化更加具有感染力和影响力；而校史文化则为红色基因的传承提供了具体的载体和形式，使红色基因更加具体化和生动化。

从教育功能上看，红色基因与校史文化都具有重要的教育意义。红色基因通过传承革命精神、弘扬优良传统，可以激励师生坚定理想信念、增强爱国主义情感、培养艰苦奋斗精神等。而校史文化则通过讲述学校的发展历程、传承学校文化，帮助学生了解学校的历史传统、增强

---

1 卢黎歌,吴凯丽,隋牧蓉.试论中国精神谱系中的"西迁精神"及其教育价值 [J].思想教育研究,2018(03):132-135.

归属感和荣誉感等。两者在教育功能上相互促进，共同推动学校教育事业的发展。

从文化传承上看，红色基因与校史文化都承载着丰富的历史信息和文化价值。红色基因的传承需要借助各种形式的教育活动和文化产品来推广和普及，而校史文化则是红色基因传承的重要载体之一。通过对校史文化的挖掘和整理，可以更加深入地了解红色基因的内涵和价值，促进红色基因的传承和发展。同时，校史文化的传承也需要借助红色基因的力量来推动和深化，使校史文化更加具有时代性和创新性。

红色校史文化作为老一辈无产阶级革命家和教育家们艰辛奋斗与无私付出的智慧结晶，承载着深厚的教育意义，无疑是红色文化中不可或缺的一部分。对于那些流淌着红色血脉的高校来说，深入挖掘和利用红色校史文化这一宝贵资源至关重要。我们需珍视并善用这份独特的"红色遗产"，以发挥其在教育领域的育人功能，从而树立坚定的教育自信，增强深厚的文化自信，最终培养出更多有理想、有才能、有担当的新时代中国青年，传承红色基因，肩负时代使命。一所高校的校史，不仅是其创办、发展及变迁历程的详尽记载，更是物质与精神的双重汇聚，是全体师生共同遵循并珍视的文化瑰宝。在这份校史中，蕴藏着深厚的文化底蕴、文化精髓和源源不断的精神力量，它们构成了学校的信仰基石和育人的活水之源。

特别值得一提的是，高校红色校史文化，作为校史中不可或缺的一部分，承载了珍贵的历史资料和丰富的精神财富。它生动展现了老一辈无产阶级革命家、教育家们坚定的信仰、深厚的家国情怀以及艰苦奋斗的精神风貌。这种红色文化不仅塑造了高校独特的文化品格和精神气质，更是高校代代相传的红色基因和宝贵资源。

第五章　红色文化丰富高校校史育人路径

第一节　红色文化

一、红色文化的内涵

红色文化的核心是以马克思主义为指导思想，体现了中国共产党人的政治本色和情怀担当。它不仅是中国共产党领导中国人民在革命、建设和改革实践中创造的先进文化，也是中华民族优秀传统文化与马克思主义相结合的产物。红色文化具有鲜明的政治性、阶级性和群众性，代表了广大工人阶级和劳动人民的利益，是反封建、反帝国主义的革命文化。红色文化是中华民族历史长河中的瑰宝，不仅承载着革命的火种，更是民族精神的集中体现。为了使这一文化瑰宝在新时代绽放新光彩，其传承必须巧妙地融入中国传统文化的精髓，与社会主义核心价值体系相融合，并考虑到社会价值多元化的现实。

红色文化在历史的积淀中形成，并在时代的演进中继续传承；它在坚守正道中创新，在变革中发展。红色文化蕴含于红色资源、红色传统、红色基因这三个不可分割的要素之中。其中，红色基因是最为根本且抽象的核心要素，红色资源是具体且外在的表现，而红色传统则是连接二者的桥梁，以特定的关系和方式展现红色文化。这三者相互支持，共同构成了新时代中国特色社会主义现代化建设强国的精神支柱。深入研究文化，做好红色文化的解读工作，对于保持红色传统的连续性至关重要，确保红色传统在历史中形成，在时代中延续，使人们始终铭记"初心"。只要党的基本立场、国家的性质、我们的奋斗目标保持不变，红色文化就将一直是我们面对各种风险挑战的精神源泉。无论我们身处何地，我们都不能忘记自己的起点和终点，不断从革命历史中吸取智慧、营养和前进的力量。因此，我们要持续引导人们了解传统、学习传统、珍爱传统、讲述传统，更深入地领会红色传统中所蕴含的红色精神，将其有效地融入个人实践中，增强政治意识、大局意识、核心意识和看齐意识，坚定对中国特色社会主义道路、理论、制度和文化的自信，让红色传统的根深深植入每个中国人的内心。在尊重红色传统的基础上创新发展，结合新时代的变化和要求，不断赋予红色传统新的内涵和形式，激活历史的沉淀精神；利用新时代的机遇和优势，让红色传统以新的方式呈现，潜移默化地塑造人们的价值观念；面对新时代的问题和挑战，让红色传统得到新的应用，不断解决实际中的矛盾和难题。[1]

二、红色文化与红色基因

红色文化与红色基因作为中国共产党精神谱系中的重要组成部分，它们在内涵与概念上既有紧密的联系，也存在一定的区别。

从释义上来讲，"红色文化"是指中国共产党领导中国人民在革命、建设和改革开放过程中形成的精神和物质文化遗产，包括革命历史遗物、遗存、建筑、旧址等。它蕴含着中国共产党人的坚定信仰与价值观念，是中华民族近代以来为民族复兴不懈奋斗所形成的历史文化，是中国先进文化的重要组成部分。红色文化的内涵丰富，包括理想信念、革命精神、家国情怀和价值诉求，是推动中国特色社会主义发展前进的

---

1 徐斌，陈阳波 . 红色文化的基因延续与守正创新 [J]. 人民论坛，2020，(14)

文化引擎。"红色基因"则特指在中国共产党的领导下，全国各族人民在实现中华民族伟大复兴的历史进程中所创造并孕育而成的一种特殊的具有中国特色的先进文化。它是红色文化的内核与精髓，是中国共产党永葆政治本色的精神密码，表现为党的光荣传统、优良作风和精神品格。红色基因是立德树人的重要资源，具有强大的教育感染力，是文化自信的源头活水。

红色基因是红色文化的精神内核，是红色文化世代传承的密码。红色文化是红色基因的载体，通过红色资源的物质形态和红色传统的精神形态，红色基因得以传承和发扬。红色基因通过红色文化的多种形式，如革命博物馆、纪念馆、党史馆等，得以具象化和传播。红色文化更侧重于文化的广泛性和多样性，它包括了红色基因，但也涵盖了更广泛的文化现象和文化遗产。而红色基因则更侧重于精神的传承和内在品质的延续，它是红色文化中最为根本和核心的部分。红色基因是红色文化的精神标识，是中国共产党人的精神血脉，而红色文化则是这一精神血脉在历史实践中的具体体现和展开。

总的来讲，红色文化与红色基因相辅相成，共同构成了中国共产党和中国人民宝贵的精神财富，都是推动社会进步和文化发展的重要力量，都是青年人应该代代传承的文化精神。

三、红色文化传承

红色文化传承指中国共产党在领导人民进行革命、建设和改革过程中体现出的精神形态、文化传统以及表现精神形态和文化传统的物质符号在空间上的传播和代际之间的传承。精神形态、物质符号、文化记忆构成红色文化传承内容的三维形态，其中精神形态是核心，物质符号是载体，文化记忆是重要形式。

（一）精神形态是传承红色文化内容的核心

红色文化的核心在于其内在的精神形态和所表达的价值观。这种精神形态主要是指自"五四运动"以来，在中国共产党的领导下，中国人民在顽强斗争中形成的精神态度和价值观念。在不同的历史阶段，红色文化展现出具有时代特征的精神风貌，尽管这些精神风貌在内涵和意义上存在差异，但它们相互融合、一脉相承，本质上保持一致。

在革命时期，中国共产党结合马克思主义基本原理和中国革命的实际情况，塑造了以民族独立和人民解放为追求目标的革命精神，如红船精神、井冈山精神、苏区精神、长征精神、延安精神和红岩精神等，这些精神反映了中国人民对独立、平等和自由的渴望。进入社会主义建设时期，中国共产党引领人民克服困难、艰苦创业，孕育了铁人精神、大庆精神、雷锋精神、焦裕禄精神和"两弹一星"精神等，这些精神展现了奋斗、奉献和廉洁的价值取向；而在改革开放时期，中国共产党领导人民解放思想、改革创新，进行了社会主义现代化的伟大探索和实践，形成了小岗精神、浦东精神、抗击"非典"精神、航天精神和伟大抗疫精神等，体现了勇于创新、追求卓越、以人为本的价值理念。

从革命时代到建设与发展时代，再到改革开放时代，红色文化虽然在形式上经历了变化，但其精神实质和价值理念却保持着内在的传承逻辑。因此，红色文化遗产的保护传承与全体党员的归属感密切相关，红色文化的发展与创新正是构建和维护中国共产党人精神家园的关键所在。

（二）物质符号是传承红色文化的内容载体

红色文化的物质符号承载着红色文化的精神内涵和价值理念，通过直接或间接的方式展现了红色文化的历史。这些符号不仅是中国共产党人精神家园的具体体现，还可以分为直接和间接两种类型。直接物质符号指的是历史上真实存在过的实体，例如红色历史遗址、烈士故居和历史文物等，如"朱德的扁担"和"赵一曼的粗瓷大碗"。通过接触这些直接物质符号，人们能够体验到历史的真实性，感受到红色文化的魅力和革命英雄的伟大，并在这一过程中接受精神上的洗礼。间接物质符号则是基于直接物质符号及其背后的精神形态进行再加工和衍生的产物，例如文学作品、艺术作品和影视作品等红色文艺作品，它们是对直接物质符号和红色精神的传承与创新。物质符号作为红色文化精神的具体成果，见证了中国共产党领导人民进行革命和建设的每一个阶段。对于直接性物质符号的传承，应当做到保护、传承和利用好它们，在城市化进程中，应将直接物质符号如历史遗址、烈士故居的保护与城市发展相结合，既保留红色文化的根基又能享受现代化带来的好处。在传承过程中要注重内容与形式的结合，避免将红色文化仅仅视为娱乐和旅游活动，而忽视其内在的精神形态，从而削弱对红色文化的认同。

（三）文化记忆是红色文化传承内容的重要形式

文化记忆是一种以文化事件的时间、地点、人物为回忆对象，以物质符号为主要表现形式，旨在传承文化精神和价值理念的精神活动。所有文化的传承都是记忆的再现，所有的文化记忆都是文化传承的表现和内容。从表现形态来看，文化记忆可以分为外在载体和内在价值两个方面，没有价值的物质载体是没有传承意义的，不能具体化、不能附着于一定外在符号的价值理念就没有存在的现实合理性。就传承类型而言，文化记忆可以分为个人记忆和集体记忆。多样化的个体记忆构成了文化记忆的主体，是最真实的状态；集体记忆来源于个体记忆，是在权威主导下个体记忆相互融合形成的总体性记忆。从外在表现形式来看，红色文化记忆包括历史事件、人物、物件、仪式、遗址、作品等。红色文化记忆不仅仅是简单的历史回顾或信息整理，作为一种重要的文化类型，其核心在于价值理念的传递。个体记忆真实而具体，关注个体生活的微观世界，能够再现经历者对当时历史的体验、感受和理解，在情感上更容易引起文化接受者的共鸣；个体记忆将视角从关键人物、精英人士转向普通大众，更多地展现普通人的经历和记忆；展现个体记忆的重要方式是口述史，口述史并非有闻必录，而是需要对个体记忆的材料进行筛选和核实。个体记忆因受不同利益需求的影响而表现出差异性，对于同一事件也会有不同的感受，记忆中蕴含的价值理念也会有巨大差异；个体记忆是具体历史材料的重要来源，尽管个体记忆重要，但红色文化更需要传承的是集体记忆，传承的前提是构建体现中国共产党的信仰、制度、作风、道德、精神、传统的集体历史记忆，并使之成为中国共产党和国家的记忆。只有通过有效的社会记忆构建，才能修正个体记忆的混乱，减少社会记忆的遗忘和磨损，避免集体失忆，不断凝聚共识，形成中国特色社会主义共同的价值理念，使人们更加珍视中国共产党领导人民在革命、建设、改革过程中创造的物质财富和精神财富，在共同为中国特色社会主义事业奋斗的过程中发扬优良红色传统，践行、传承和发展红色文化。

第二节 红色校史文化传承的一般教育规律

在哲学的范畴内，规律被视为客观事物内在的本质联系，它体现了事物发展的必然性，不受个体主观意志的影响。规律在历史发展的脉络中逐渐显现，对事物的发展方向和趋势起到决定性作用。这一概念在社会科学领域同样适用，任何事物的发展变化均遵循一定的规律，这些规律虽然不以人的意志为转移，但可以通过经验的积累和教训的总结得以凝练和把握。

红色文化作为一种特殊的文化形态，其传承同样遵循一定的规律性。红色文化的传承规律是一个由认知到信仰、再到实践的连续过程，这一规律可以概括为"知—信—行"的模式。具体而言，只有当个体对红色文化有了清晰的认识，理解其深层含义和价值，才能在思想上产生认同，进而将这种文化认同转化为行动上的指南，并最终实现文化的传承。这一过程是连续的、逐步深化的，涉及从认知到信仰、再到实践的层层递进。高校教育在红色文化传承中扮演着关键角色。高校应当结合自身的教育特色和实际情况，探索适合大学生特点的红色文化传承规律，以促进红色文化的深入理解和广泛传播。

一、红色文化传承的认知规律

充分了解红色文化的概念、形成过程及其所代表的重要意义，这样才能认识到发扬红色文化、传承红色文化的重要性和必要性。

（一）红色文化传承是历史逻辑与价值逻辑的统一

红色文化传承是历史逻辑与价值逻辑的统一，它不仅承载着中华民族的历史记忆和精神追求，而且体现了社会主义核心价值观的时代要求。历史逻辑体现在红色文化对中华优秀传统文化的继承、发展与创新上，它铭记了中国共产党领导人民进行伟大斗争的历史，展现了民族的精神标识和文化软实力。这种文化继承不是简单的重复，而是一种创造性转化和创新性发展，它使得红色文化在新时代依然具有鲜活的生命力和感召力。

价值逻辑则体现在红色文化与社会主义核心价值观的深度契合上。

红色文化中蕴含的爱国主义、集体主义、民族气节等价值理念，与新时代的价值理念相辅相成，共同构筑了中国人民团结奋斗的思想基础。通过传承红色基因，可以培育和践行社会主义核心价值观，这是凝聚人心、汇聚民力的强大力量。红色文化的传承与发展，不仅是对过去的回顾，更是对未来的期许，它要求我们在新的时代条件下，继续弘扬那些曾经推动历史进步的革命精神和价值追求。

红色文化的传承不仅是对历史的尊重和记忆，也是对价值的坚守和弘扬。它要求我们在继承中发展，在发展中继承，既要不忘历史的苦难和辉煌，也要积极应对现实挑战，开创未来。通过这样的传承，红色文化成为连接过去与未来、传统与现代的精神桥梁，是实现中华民族伟大复兴的中国梦的重要精神支撑。

（二）红色文化传承是知识传授与价值塑造的统一

红色文化传承首先是一种知识的传递。它通过教育、展览、纪念活动等形式，向人们传授中国共产党领导人民进行革命、建设和改革的历史知识。这些知识包括重大历史事件、英雄人物的事迹、革命精神的内涵等，都是构成红色文化的重要元素。通过这些知识的传授，人们能够了解过去，理解历史发展的脉络，从而对国家和民族有一个清晰的认识。同时，红色文化传承不仅仅是对历史知识地简单复述，更重要的是在这些知识传递过程中，塑造和强化社会主义核心价值观。红色文化中蕴含的爱国主义、集体主义、奉献精神等价值观念，是社会主义核心价值观的重要组成部分。通过红色文化的教育和传播，这些价值观念得以在人们心中生根发芽，影响和指导人们的行为和选择。

红色文化的传承还能够激发广大师生的情感共鸣。通过讲述革命先烈的英勇事迹、展现革命历程的艰辛与伟大，红色文化能够触动人们的情感，激发人们的爱国热情和民族自豪感。这种情感的共鸣是价值塑造的重要途径，它使得知识传授不仅仅是冷冰冰的事实陈述，而是充满了情感色彩和价值导向。红色文化的传承还具有行动引导的作用。它鼓励人们将所学知识和内化的价值观念转化为实际行动，积极参与到国家和社会的建设中去。这种行动引导是知识传授和价值塑造的最终目的，它使得红色文化不仅仅是一种精神财富，更是一种推动社会进步的动力。红色文化传承是知识传授与价值塑造的统一，它通过传递历史知识，塑造社会主义核心价值观，激发情感共鸣，并引导实际行动，共同构成了红色文化传承的完整内涵。这种统一不仅有助于人们更好地理解和继承历史，也有助于培养具有正确价值观的新时代公民。

（三）红色文化传承是理论研究与教育实践的统一

红色文化不仅是一种理论体系，也是具体的实践行动。红色文化的精神内核，如红船精神、井冈山精神、长征精神等，源于中国革命、建设与改革的伟大实践，并经过实践的反复检验和证明，成为我们党在前进道路上战胜困难和风险的精神动力。这种从实践中来、到实践中去的认识过程，体现了马克思主义认识论的基本原理。同时，红色文化传承的目的在于培养学生的理想信念和使命担当，这与高校思想政治教育的目标是一致的。通过理论研究和教育实践的统一，可以更有效地培养学生的爱国情怀和社会责任感。面向大学生开展红色文化传承是理论研究与教育实践的统一，这种统一不仅体现在教育内容和方法上，也体现在教育目标、主体和效果评估等多个方面，共同推动红色文化的传承和发展。

（四）红色文化传承要与中国传统文化相结合

传承红色文化要注重红色文化与中华民族优秀传统文化的互相融

合教育。党的十八大以来，习近平总书记多次在各种场合强调要坚定文化自信。在中国五千年历史长河中，既有老祖宗留下的宝贵文化遗产，即中华民族优秀传统文化，也有被统称为红色文化的由中国共产党带领全中国人民实现民族独立、国家统一、人民解放过程中所形成的革命文化和带领全国人民实现民族复兴、国家富强、人民富裕的改革开放过程中所形成的社会主义先进文化。红色文化和中华民族优秀传统文化都是中国文化的重要组成部分，它们之间有着千丝万缕的联系，是不能分裂隔开的。红色文化传承着中华优秀传统文化的丰厚基因，是中国共产党人以马克思主义的基本立场、观点、方法对中华优秀传统文化的继承和发展，积淀着中华民族最深沉的精神追求。中华民族优秀传统文化是红色文化的重要来源，而红色文化所代表的理想信念、遵规守纪、反腐倡廉等又是对中华民族文化和精神的传承与发展。因此，红色文化是马克思主义中国化的红色文化，红色文化与中华民族优秀传统文化是内在统一的，红色文化赋予了中华民族优秀传统文化在新时代的生机与活力，要在继承中华民族优秀传统文化的基础上传承红色文化。

二、红色文化传承的内化规律

红色文化传承的内化规律是指红色文化在个体心理和行为上的接受、吸收和转化的过程，这一过程涉及认知、情感和行为三个层面的统一。

红色文化传承首先需要个体在认知层面上对红色文化的历史、精神和价值有清晰的理解和认同。这包括对革命历史事件、英雄人物和革命精神的学习与理解。通过教育和学习，个体能够认识到红色文化的重要性和时代价值。在认知的基础上，个体通过情感体验和情感认同，对红色文化产生情感上的共鸣和尊重。这种情感内化是通过参与红色文化活动、听红色故事、参观革命遗址等方式实现的。情感的内化有助于个体形成对红色文化的深厚情感和价值认同。

红色文化的内化最终要转化为个体的行为准则和行动指南。个体在日常生活中将红色文化的精神和价值观融入自己的行为和决策中，如在困难面前展现出坚韧不拔的意志、在集体中展现出团结协作的精神等。红色文化的内化规律强调实践和体验的重要性。通过参与红色文化相关的社会实践、研学活动、志愿服务等，个体能够在实践中深化对红色文化的理解，实现从理论到实践的转化。红色文化传承的内化规律还需要教育者和引导者的积极作用。教育者通过设计符合青少年认知特点的教育活动，引导青少年树立正确的价值观和人生观。教育者的角色在于激发青少年的积极性和主动性，使他们在学习红色文化的过程中形成自我教育和自我提升的能力。

红色文化传承的内化规律是一个涉及认知、情感、行为多个层面的复杂过程，需要教育引导、实践体验、环境氛围的共同作用，以及个体的持续学习和适应。

三、红色文化传承的实践规律

（一）要系统化、理论化地传承红色文化

系统化、理论化地传承红色文化，有助于增强红色文化的说服力。当前社会上的人大多生于 20 世纪 60 年代后，虽然他们的成长与我国的改革开放历程同向而行，但并未经历过革命岁月的洗礼，再加上社会上充斥着多元价值观念和网络上对于革命英雄、历史史实的戏说与恶搞的影响，要想让他们对红色文化有情感认同和心理内化是不易的，故进一步系统化、理论化地传承好红色文化具有十分重要的意义。习近平总书记指出，要使党和人民事业不停顿，首先理论上不能停顿。

一方面，要通过学理性较强的红色文化理论进一步指导传承红色文化的实践活动。面对国内外的复杂形势和在传承红色文化过程中所遇到的困难与挑战，需要科学的理论进行指导。通过系统化、理论化地传承红色文化，进一步挖掘中国共产党带领人民群众进行革命过程中的相关史料，增强红色文化的说服力，扩大红色精神的内涵，进一步展现中国共产党的领导既是历史的选择又是人民群众的选择。另一方面，系统化、理论化地传承红色文化是历史发展的必然要求。红色文化是不断发展的，其内涵是在社会主义建设过程中不断丰富的。习近平总书记指出："在新的时代条件下，我们要进行伟大斗争、建设伟大工程、推进伟大事业、实现伟大梦想，仍然需要保持和发扬马克思主义政党与时俱进的理论品格，勇于推进实践基础上的理论创新。"要在红色文化传承的实践中凝练概括，不断推动理论创新，从而更好地指导实践。同时，要在习近平新时代中国特色社会主义思想的指引下，系统化、理论化地传承红色文化，构建具有中国特色的学术话语体系，引领红色文化的研究方向。

（二）要紧抓关键人物的示范引领作用

红色文化能否得到广大人民群众的广泛认同，并将红色精神内化其心，在很大程度上取决于关键人物的示范引领作用。一方面取决于党员群体对于红色文化的认同与内化。传承红色文化就是对党领导人民在革命、建设、改革中所创造的革命文化和社会主义先进文化的传承弘扬，因此广大党员群体应该责无旁贷地承担起马克思主义理论、习近平新时代中国特色社会主义思想、红色文化相关理论的学习者、红色文化的研究者、红色精神的传播者和红色基因的传承者的责任。党员群体对于中国革命史、中国共产党党史的了解程度，对于革命领袖、英雄人物、历史事件的看法与评价，日常学习工作生活中展现的理论素养、精神面貌、道德情操等，都展现了党员群体对于红色文化的认同与内化情况，党员群体的行为表现对于传承红色文化和进一步加强人民群众对党的向心力起着至关重要的指向作用和模范带头作用。党员构成了党的细胞和基石，党员的素质在一定程度上决定着党的领导能力和执政水平，若党员对党的历史不了解、对红色文化没有做到真心认同、在生活实际中没有践行红色精神，普通群众就更加无法认同和践行了。因为普通群众正是通过对党员的认同才增强对党和党的领导的认同的，只有使红色文化更加具有说服力，才能使普通群众自觉学习和弘扬红色文化，领悟红色精神。另一方面要注重意见领袖的模范带头作用。除了党员要起到先锋模范作用外，人民群众中的意见领袖也对大众认同、内化红色文化起着重要作用，通过辐射身边人，以身作则，积极宣传红色文化的重要作用。

（三）要坚持显性教育与隐性教育相结合

显性教育与隐性教育均是教育的重要手段，它们既相互区别又相互补充，对促进人的全面发展和社会进步具有重要作用。在进行红色教育、传承红色文化时同样要坚持显性教育与隐性教育相结合，既要旗帜鲜明地宣讲红色故事、弘扬红色精神，也要对人们进行潜移默化的影响，将红色文化渗透到日常生活实践活动中，在实践中将红色精神内化于心。传承红色文化的目的在于使人民群众了解红色历史，并将以爱党爱国、艰苦奋斗、不屈不挠等为主要内涵的红色精神内化，从而起到牢固树立"四个意识"、坚持"四个自信"，使人的道德修养、文化素养、精神品质等得到全面提升。传承红色文化要坚持显性教育与隐性教育相结合是基于两个方面的考量。一是全球化和中国社会快速发展所带来的教育内容趋于多样。不同的教育内容需要不同的教育方法与之相匹配。随着中国经济的快速发展，物质生活水平的提升，拜金主义、奢靡浪费、攀比之风有所抬头，通过红色教育使人们认同"一菜一饭，当思来之不易"，培养人们艰苦朴素的生活作风。二是人们的主体性日益觉醒。尽管通过大众传媒、学校课堂等主要渠道进行红色文化显性教育仍具有重要作用，但随着人们主体意识的不断增强，显性教育的效果有所减弱，这就需要使用人们更易接受的方式，使其在生活中不知不觉地受教育并作为行动遵循。

第三节 红色文化融入高校校史教育的基本路径

一、将红色文化融入校史资源挖掘与整理

"红色文化内蕴人、物、事、魂，唯有将人、物、事挖掘和展现、串联好，努力形成与新时代合拍又符合大众心理诉求的传播品牌，才能更好地用红色文化之魂滋养大众、引导大众。"[1]红色文化与校史文化在精神内核上是相通的。红色文化所蕴含的善，体现了中国共产党人带领中国人民实现中华民族伟大复兴的共同理想和目标。校史文化则记录了高校在这一过程中的教育实践和精神传承。通过将红色文化的理念融入校史教育，可以强化学生对共同理想的认同感和归属感。

为了使红色文化深植于人心，我们需要创新宣传策略、多样化传播途径，并扩大红色资源的应用场景。针对不同的目标群体，我们应采用多样化的形式来提升表达的效力。充分利用大数据和新媒体平台，构

---

1 陈麟辉，红色文化场馆在红色文化传播中的角色与作用 [J]. 党政论坛，2021，(3).

建线上线下相结合的传播网络，创建一批具有广泛影响力、感染力、号召力和竞争力的传播平台。通过建立一个涉及观看、聆听、理解、行动的全方位学习环境，将博物馆、展览馆、纪念馆中的红色资源，以及历史、书籍、故事中的红色记忆真正融入人们的日常生活中。红色文化在历史的积淀中形成，并在时代的演进中继续传承；它在坚守正道中创新，在变革中发展。红色文化蕴含于红色资源、红色传统、红色基因这三个不可分割的要素之中。其中，红色基因是最为根本且抽象的核心要素，红色资源是具体且外在的表现，而红色传统则是连接二者的桥梁，以特定的关系和方式展现红色文化。这三者相互支持，共同构成了新时代中国特色社会主义现代化建设强国的精神支柱。深入研究文化，做好红色文化的解读工作，对于保持红色传统的连续性至关重要，确保红色传统在历史中形成，在时代中延续，使人们始终铭记"初心"。只要党的基本立场、国家的性质、我们的奋斗目标保持不变，红色文化就将一直是我们面对各种风险挑战的精神源泉。无论我们身处何地，我们都不能忘记自己的起点和终点，不断从革命历史中吸取智慧、营养和前进的力量。因此，我们要持续引导人们了解传统、学习传统、珍爱传统、讲述传统，更深入地领会红色传统中所蕴含的红色精神，将其有效地融入个人实践中，增强政治意识、大局意识、核心意识和看齐意识，坚定对中国特色社会主义道路、理论、制度和文化的自信，让红色传统的根深深植入每个中国人的内心。在尊重红色传统的基础上创新发展，结合新时代的变化和要求，不断赋予红色传统新的内涵和形式，激活历史的沉淀精神；利用新时代的机遇和优势，让红色传统以新的方式呈现，潜移默化地塑造人们的价值观念；面对新时代的问题和挑战，让红色传统得到新的应用，不断解决实际中的矛盾和难题。[1]

高校深入挖掘校史中的红色资源，包括历史人物、典型事例和感人故事，并将这些资源与党的理论创新、实践探索、伟大成就等深度融合。这不仅丰富了校史文化的内涵，也为红色文化的传播提供了生动的案例和教材。通过开设校史选修课程、出版校史校情教材，使校史课程成为思政课体系的有机组成部分。这样的教育实践不仅传递了校史文化，也让学生在学习和了解校史的过程中，接受红色文化的熏陶。利用校史馆、展览、讲座等多种形式，营造有利于红色文化基因传承的整体氛围。这种氛围的营造需要政府部门、高校传播者与受众等各方的协同配合和共同努力。在价值观念多样化的背景下，高校需要通过红色文化教育，引导学生树立具有正确价值导向的共同理想，形成共同奋斗的精神动力。这有助于在学生中形成对真、善、美的追求，以及对中华民族精神的认同。

二、将红色文化融入校史课程体系建构

一是将红色文化融入高校思想政治教育课程。思政课是对大学生进行思想政治教育的主渠道，红色文化基因是高校思想政治教育课程的优质资源，将红色文化基因这一优质教育资源融入高校思想政治教育课堂教学、思想政治理论课实践教学、思想政治教育特色课程、各类专业的思想政治教育课程中去，与其自身实际相结合，对于更新教育理念、丰富教育内容、拓展教育载体、创新教学方法，以及培养大学生理想信念、道德素养，引导他们树立正确的世界观、人生观、价值观具有不可替代的重要作用，也进一步促进了高校思想政治工作的创新性发展。红

---

1 徐斌，陈阳波.红色文化的基因延续与守正创新 [J].人民论坛，2020，(14)

色文化资源内涵丰富、形式多样、具体形象，将红色文化资源融入课堂教学，不仅可以丰富思想政治理论课堂教学内容，而且可以将知识的传达和信仰的传递有机结合在一起，充分发挥高校思想政治理论课在大学生思想政治教育中的主渠道作用。

二是将红色文化融入高校校史选修课程中。不断挖掘教材所蕴含的红色文化，使它呈现在自编教材、讲义、教学案例中，采用互动式教学法、研讨式教学法、设置实践教学课等方式，或在教师的引导下开展唱红色歌曲、诵红色诗歌、办红色晚会、看红色影视、阅红色著作等活动，丰富教学内容，改革教学方法，拓展红色文化育人空间。这些方法使学生在学习中融入对生活实践的思考，对地方乡土社会、现实问题的反思，改变课堂上学习枯燥和不接地气的现象，并且让思想政治理论课与社会民情更贴近，有效地挖掘身边的育人资源，创新育人路径。

三是将红色文化融入高校校史实践活动中。建立实践教学基地，通过访谈教学、现场教学、影像教学、体验式教学等方式，实地体验红色文化精神，实现课内教育与课外教育相结合。同时注重启发学生的深层思考，从改革学校课程教学考核评价方式着手，将课堂学习情况、心得体会、调研报告或者专题研究报告等相结合，形成立体多元的测评方式，并制定具体的测评指标和制度，充分调动学生学习的自觉性和主动性。

三、将红色文化融入校史教育实践活动

将红色文化传承融入高校校史教育，其根本途径在于传播与教育实践的有机结合。在这一过程中，红色文化基因的传承可通过"外源性"与"内生性"两大路径得以实现。

"外源性"路径，是指在红色文化基因的传承过程中，受众所处的社会环境对其价值需求的变化及实践行为的调整产生直接或间接的影响。为此，我们应将红色文化基因的传承积极融入校史教育和精神文明建设的全过程，使之成为大学生校园文化活动的重要组成部分。通过贴近大学生群体的学习、生活、工作和思想实际，以社会主义核心价值观引领社会思潮，引导大学生的行为规范，从而促进他们对红色文化基因传承内在价值的认同。

而"内生性"路径，则是指受众基于自身需求对红色文化基因传承的内在价值进行反映、选择、内化和外化的过程。作为新时代的大学生，他们不仅需要满足生存和发展的物质需求，更需要坚定理想信念，追求真善美，培育社会主义核心价值观，树立科学的世界观、人生观和价值观。通过开展形式多样的红色文化基因传承活动，使红色文化成为主体精神的滋养，提升受众的思想道德素质，满足其精神层面的价值追求，并促使其转化为具体的实践行为。

在传播与教育实践中，"外源性"与"内生性"路径相互交织，共同贯穿于红色文化基因传承的全过程，共同助力实现红色文化基因传承的目标。通过这样的方式，我们能够确保红色文化的生命力得以延续，同时激发大学生的爱国情怀和社会责任感，为培养时代新人奠定坚实的基础。

四、构建红色校史文化传承机制

红色文化的发展需要建立一套系统的发展制度机制来缓解红色文化生态失衡的压力，通过制度的生态杠杆效应消解外部物质、能量的冲击，以保障红色文化生态的平衡和稳定发展。完善、健全的制度机制为红色文化的发展提供了明确的行为框架和良好的制度环境，是红色文化发展的"硬"保障。

（一）建立和完善红色校史文化传承激励机制

通过建立和完善评价体系与奖惩机制，我们可以更好地调动青年大学生的积极性和主动性，推动红色文化基因传承工作平稳有序地进行。同时还应注重负向激励的适度运用，对于违反规定或态度消极的行为进行必要的警示和纠正，确保整个红色文化基因传承工作的严肃性和规范性。

（二）建立和完善红色校史文化传承运行机制

建立党委统一领导下的高校红色文化基因传承体系。健全的领导和管理体制，是加强和改进大学生红色文化基因传承的基础和前提。党历来重视对红色文化基因传承的领导和管理，新中国成立以来，党对如何建立和完善红色文化基因传承体系进行了积极探索，进一步认识到在和平建设年代，做好红色文化基因传承的极端重要性，逐步形成了具有中国特色的传播体系和领导体制，形成了红色文化基因传承大格局。这种红色文化基因传承大格局突出体现在所构建的红色文化基因传承体系上，即在各级党委政府的统一领导下，形成高校党政同心协力，党、政、工、团分工负责又齐抓共管的工作体系。

发挥学校行政部门和群团组织的作用。高校各级行政部门、共青团、工会、学生社团等，是专职思想文化教育工作部门的参谋和助手，是开展红色文化传播教育的重要组成部分。学校行政部门在搞好教学、科研等业务的同时，也担负着做好包括红色文化传播教育在内的各项思想文化教育工作的任务。充分发挥和调动这些部门的工作积极性，有利于红色文化传播教育渗透至各项业务工作之中，有利于克服红色文化传播教育工作与教学工作"两张皮"的现象。学校共青团是党领导的先进青年、教职员工的群众组织，是党密切联系群众的桥梁和纽带。这些群众组织担负着包括红色文化基因传承在内的思想文化教育工作的部分任务，是开展红色文化传播教育的重要助力。学校党委要指导和帮助共青团、工会把红色文化基因传承放在重要位置，根据大学生的不同情况，制定出切实可行的红色文化基因传承方案，充分运用各种传播媒体，调动工作人员的积极性和创造性，开展形式多样的红色文化基因传承活动。

（三）建立和完善红色校史文化传承保障机制

为深化大学生红色文化传播，我们需凝聚社会各方力量，加大资源投入，确保物质与舆论双重保障的坚实支撑。在物质层面，应建立健全保障制度，明确界定红色文化传播中的人员配置、经费预算、时间安排及设施配备等关键要素，细化相关部门及个人的职责、权限与义务，力求实现职责明确、权责一致、利益均衡。同时，以经费管理为核心，强化资金的合理使用与严格监管，确保每一笔投入都能精准助力高校红色文化基因传承活动的高效实施，以及取得显著成果。

在舆论环境构建上，需多方联动，形成政府引领、高校主导、社会各界广泛参与的良好格局，共同营造有利于红色文化基因传承的浓厚氛围。这不仅要求制度的持续完善与长期作用，更需激发全体参与者的责任感与使命感，促进信息畅通、资源共享、协同合作。旨在构建一个体系完备、内容科学、保障有力的高校红色文化基因传承机制，充分调动各职能部门的积极性、主动性和创造性，推动形成既分工明确又紧密协作的工作模式，最终建立起一套长效传承机制，让红色校史文化在青年学子中生根发芽，绽放光彩。

第四节　高校红色校史文化传承保障

一、坚定方向，全面加强党的领导

高校需深刻认识红色校史文化教育的重要性，着力在校园内培育浓厚的学习氛围，确保红色文化教育成为常态化教育内容，深入师生内心。各地教育部门及学校党组织应着重加强政治建设，提升政治敏锐性和执行力，将红色教育列为重点任务，纳入党建与意识形态工作责任体系，充分发挥师生党员的示范引领作用。为形成红色文化教育的强大合力，高校应构建多部门联动的工作机制。在学校党委的坚强领导下，教务处、学工处、团委等部门应协同配合，精心制定实施规划和政策措施，并提供必要的经费保障，确保红色文化教育工作有序、高效开展。

二、全面强化教材建设以提升红色文化教育质量

针对当前思想政治课等专门教材中红色文化内容碎片化、系统性不足的问题，我们必须深化课程改革，全面加强教材建设。这要求我们深入挖掘红色文化的丰富资源，深入研究红色文化的深层内涵，确保红色文化的精髓和精神实质能够得到有效传承。在教材建设的过程中，坚持以习近平新时代中国特色社会主义思想为指导，严格遵循习近平总书记关于思政课建设的重要论述，要明确教学目标和内容，还要注重历史素材的真实性和准确性，确保教材内容的严谨性和科学性，确保红色文化教材能够体现时代精神，满足当代大学生的发展需求。同时，我们注重将抽象的科学理论转化为通俗易懂的教学内容，以便大学生更好地理解和接受。在编写教材时，我们充分考虑大学生的心理特征和学习特点，积极探索创新的教育教学方法，以提高大学生的学习积极性和主动性。

为了避免与思政课内容重复，高校根据当地实际情况，总结具有

示范引领作用的红色文化教育经验，编写具有地方校史文化特色的教学辅导用书和读本。这些教材既能够体现学校校史精粹以及红色文化的独特魅力，又能够贴近大学生的生活和学习实际，提高教材的针对性和实用性。在高校中开设红色文化课程，并设置一定的课时和学分要求。学分分为理论学时和实践学时，我们特别增加实践教学的比例，让大学生在实践中进行自我教育，通过亲身体验和感悟，更好地内化红色文化的精神实质。我们强调编写的相关教材必须经过严格审核才能使用。这既是对教育质量的保障，也是对大学生的负责。我们希望通过这些努力，全面提升红色文化教育质量，为培养具有坚定理想信念、勇于担当作为的新时代好青年贡献力量。

三、精心培育，全面提升红色文化教育师资队伍的专业素养

在红色校史文化的教育实践中，教师队伍的专业素养是确保教育质量的关键。红色文化教育不仅涉及党史的深厚底蕴，还要求教育者具备扎实的专业知识与高尚的政治觉悟。因此，精心培育一支政治立场坚定、专业结构合理、人员稳定且充满活力的红色文化教育师资队伍是提高红色校史教育源头活水。这支队伍可以由高校思想政治理论课教师、党政机关领导干部、共青团干部、辅导员以及红色文化博物馆和教育基地的专业人员共同组成。特别是优质的校外教育资源，如红色文化博物馆和教育基地的工作人员，不仅要有深厚的专业知识储备，还需具备出色的现场讲解和组织能力，是应当被充分整合利用的人力资源。

对于新进教师，我们要进行严格的岗前培训，确保他们全面掌握党史、国史和党的创新理论，为开展红色文化教育奠定坚实基础。对于从事红色文化教育的非党史党建专业背景的教师，我们要提供常态化的指导和培训，确保他们能够胜任教学工作。对于长期从事红色文化教育

的教师，应当及时总结他们的教学经验和科研成果，为新进教师提供参考。同时，还需要制定适合本校实际的大学生红色文化教育实施办法，明确各项细则，确保红色文化教育在制度的保障下有序开展。

四、强化科研引领，深化红色文化理论研究

高校应积极利用红色文化教育基地等优质平台，进一步加大对红色文化教育专题研究的投入。我们鼓励专家学者和高校教师以马克思主义为指导，深入开展红色文化学术研究，系统挖掘红色文化资源，并开发出多样化的研究专题。

为了提升研究的系统性和规范性，建立由教务处、科研处、马克思主义学院等多部门组成的科研机构，并制定详细的规章制度，确保科研机构的工作有章可循、高效运转。专门设立红色文化研究课题，积极组织师生申报，旨在为新时代的红色文化教育提供坚实的理论支撑。同时，着力打造一支高素质的科研队伍，力求建成具有广泛影响力的红色文化文献资料与理论研究基地，以及红色文化精神教育与交流基地。通过组织多样化的观摩学习活动，旨在充分发挥红色文化的育人功能，积极培养红色文化领域的骨干人才。

五、深化校园红色文化建设，全方位拓展红色文化教育途径

学校的物质文化作为精神文化的外在展现，为红色文化的传播提供了生动且具体的活动载体，对学生产生着直观而深远的影响。同时，学校的观念性文化则承载了学校的办学理念与育人价值观，它贯穿于高校全部教学实践活动中，是学生精神成长的源泉。

为了更好地弘扬红色文化，学校应紧密围绕"立德树人"的育人使命，开展一系列富有成效的主题活动。这包括爱国主义教育、校园模

范人物评选、行为规范教育等，让学生在丰富多彩的活动中感受到红色文化的魅力，从而在浓厚的氛围中受到熏陶。为了调动学生的参与热情，学校应组建高校红色文化社团，为学生提供一个展示自我、交流学习的平台。通过社团活动，学生可以更深入地了解红色文化，更好地将其融入日常生活和学习中。

六、借助新媒体传播优势实现红色文化的高质量传播

（一）充分挖掘内涵，重视精神传承

新媒体应致力于深入挖掘红色文化的深刻内涵，确保用户能够接触到高质量、权威的内容。红色文化不仅包含历史事件和英雄事迹，更蕴含了深厚的革命精神和时代价值。通过新媒体平台，我们可以全方位展示红色文化的魅力，让更多人了解并传承红色基因。同时，新媒体传播应着重强调精神传承，将井冈山精神、长征精神、延安精神等红色精神作为核心内容，展现中国特色社会主义文化的独特魅力。

红色文化传播重在精神传承。由伟大的建党　精神衍生的井冈山精神、长征精神、延安精神、大别山精神等都是新媒体传播红色文化中的重要内容，这些红色精神也是中国特色社会主义文化的　重要组成部分。以长征精神的传播为例，传播者应真实、客观、专业、权威地展示红军为什么要长征，长征为中国工农红军、为中国人民、为中华民族带来了一个什么样的未来，长征过程中的典型　事迹、典型人物等内容。红色文化的传承与弘扬，要在充分挖掘和系统整理各类红色文化资源的基础上，科学化、系统化、体系化地利用新媒体手段，根据不同的资源类型，全方位地展示红色文化的内容。[1]

---

1 刘向阳.新媒体背景下红色文化传播路径研究 [J].学习论坛，2021，(5)

（二）关注受众需求，精准分类推送

在新媒体背景下，红色文化的传播应关注受众的个性化需求，实施精准分类推送。通过大数据分析，我们可以了解不同受众群体的兴趣和偏好，从而制定有针对性的传播策略。针对教师和大学生这一广大受众群体，可以制作趣味性强、体验感深的红色文化产品，如红色主题动漫、游戏、VR 体验等，以吸引他们的关注和参与。应注重红色文化与传统文化的结合，通过多样化的文化形式满足受众的多元化需求。

红色文化的受众群体可以面向全国乃至全球，但在传播过程中应有所选择、有所侧重。红色文化传播的受众群体应以某一特定群体为"传播中心"，采用震荡波动式辐射传播模式。这样的传播有重心、有立足点、有辐射范围，能够在瞬息万变的信息传播中取得最优效果。红色文化目前最大的受众群体是教师以及以学生为重要占比的广大青少年，其中，学生部分较为集中在基础教育阶段，青少年覆盖面可以从基础教育到大学教育。针对教师和广大青少年学生这一受众群体，制作趣味性强、体验感深的红色文化产品，是传播红色文化的重要手段。同时，新媒体背景下红色文化的传播也应与传统媒体下的红色文化传播相结合，还要尽量做到产学研相结合，因为产学研相结合能够有效快速地传播文化、体验文化，也能够对文化传播的效果进行量化评判。[1]

（三）创新传播方式，实现传播效果最大化

当下，在红色文化传播过程中，政府发布的内容与新媒体数据共享，并在新媒体的"大众化"的统筹下发展。新媒体在统筹多元化表达方式基础上，应不断创新表达方式和传播模式。新媒体在红色文化传播中应

---

1 刘向阳.新媒体背景下红色文化传播路径研究 [J].学习论坛，2021，(5)

不断创新传播方式和表达手法，实现传播效果的最大化。通过虚拟现实、增强现实等先进技术手段，将红色文化场景化、生动化，让受众能够身临其境地感受红色文化的魅力。同时，我们还可以利用新媒体的互动性和社交性，开展线上线下的互动活动，如红色主题征文、摄影比赛等，激发受众的参与热情，提升红色文化的传播效果。

（四）社会价值和经济价值相协调，推动红色文化产业高质量发展

在新媒体时代的浪潮中，红色文化的传播策略需要特别关注公益性与产业化的协同并进。相较于其他类型的文化，红色文化以其深厚的精神内涵和显著的教育功能，在传承中凸显出无可比拟的公益性。然而，要实现红色文化产业的高质量、可持续发展，我们必须深入探讨和构建更为精细化的产业发展模式。

红色文化的新媒体产业化涵盖了金融、版权、软件研发、视频设计生产、视频电商、教育培训、AI 技术、VR 虚拟体验等多个领域。这些领域相互关联、相互依存，共同构成了红色文化产业化的完整生态。我们需要加强上下游产业的互联互通，实现资源的优化配置和高效利用，从而推动红色文化产业的聚拢聚合和高质量发展。同时，我们还应积极探索新的商业模式和盈利途径，为红色文化的传播和产业发展提供源源不断的动力。

（五）展现文化自信，探寻对外传播话语体系

党的十九大报告明确指出："推进国际传播能力建设，讲好中国故事，展现真实、立体、全面的中国，提高国家文化软实力。"在新媒体背景下，红色文化的传播应重视公益性与产业化的和谐发展。通过整合文化产业链上下游资源，实现红色文化产业的聚拢聚合，推动红色文化产业的高质量发展。这包括金融、版权、软件研发、视频设计生产、

视频电商、教育培训等多个领域。通过产业化经营，我们可以规范传播内容，稳定市场主体，精准推送传播内容，提升红色文化的传播效率和质量。同时，我们还应注重社会效益与经济效益的动态平衡，确保红色文化产业的可持续发展。红色文化中蕴含的努力拼搏、合作互助、团结协作等理念，完全能够"走出去"，实现国际化传播，与当地文化实现有效融合。在新媒体传播红色文化的过程中，我们应主动吸收国际文化传播中的优秀案例，为红色文化传承与发展注入新的生命力；应主动阐释红色文化内涵和体系，创新传播策略，根据世界各国受众群体在文化心理、生活方式等方面的不同，采用精准式、层级化的传播策略；应主动纳入国际新媒体话语体系，让世界听得懂红色故事，愿意听红色故事。[1]

---

1 刘向阳.新媒体背景下红色文化传播路径研究 [J].学习论坛，2021，(5)

第六章　高校校史教育的当代审思与未来展望

第一节　新时代高校红色校史教育的历史使命

自中国共产党成立之日起，便孕育并形成了"坚持真理、坚守理想，践行初心、担当使命，不怕牺牲、英勇斗争，对党忠诚、不负人民"的伟大建党精神。在此过程中，党团结并带领广大人民群众，在革命、建设和改革的壮阔实践中，逐步构建起属于中国共产党人的精神谱系，进而锤炼出承载党的理想信念、性质宗旨、精神风貌及优良传统的红色基因。这种红色基因深深植根于中华优秀的传统文化之中，贯穿党的整个百年奋斗史，它鲜明地展现了革命文化与社会主义先进文化的底色，无疑成为中华民族珍贵的精神瑰宝。而红色基因里所包含的崇高理想、坚定信念、深厚的爱国情怀、不屈的革命意志以及无私的奉献精神，正是推动中国式现代化进程的强大动力所在。

一、红色校史教育是学习贯彻新时代中国特色社会主义思想的重要体现

红色校史教育是通过对革命历史、革命精神的学习和传承，培养新时代青年具备坚定的理想信念、崇高的道德品质和爱国主义精神的教育活动。新时代中国特色社会主义思想，则是当代中国马克思主义的最新成果，是指导我国社会主义现代化建设的行动指南。两者在精神内核、价值取向上具有高度的一致性，都强调爱国主义、集体主义、社会主义和共产主义精神。

一是传承红色基因，弘扬革命精神。红色校史教育通过讲述革命先烈的英勇事迹和革命精神，让青年一代深刻感受到革命先烈的崇高品德和伟大精神，从而激发他们的爱国情感和革命精神。这种精神的传承和弘扬，正是新时代中国特色社会主义思想所倡导的爱国主义、集体主义和社会主义精神的体现。

二是强化理想信念，坚定"四个自信"。红色校史教育通过回顾党的光辉历程和伟大成就，让青年一代深刻认识到中国特色社会主义制度的优越性和必然性，从而坚定他们的道路自信、理论自信、制度自信和文化自信。这种自信心的建立，有助于他们更好地理解和接受新时代中国特色社会主义思想。

三是培养时代新人，担当民族复兴大任。红色校史教育注重培养新时代青年的历史责任感和使命感，引导他们树立正确的世界观、人生观和价值观。通过学习革命历史和革命精神，青年一代能够深刻理解到实现中华民族伟大复兴的历史任务的重要性和紧迫性，从而自觉担当起民族复兴的重任。这种担当精神的培养，是新时代中国特色社会主义思想所倡导的"担当精神"的具体体现。

通过红色校史教育，青年一代能够深入了解党的光辉历程和伟大成就，深刻理解新时代中国特色社会主义思想的内涵和精髓，从而更加自觉地学习和贯彻这一思想。

二是增强青年一代的历史责任感和使命感。红色校史教育通过传承红色基因和弘扬革命精神，能够激发青年一代的爱国情感和革命精神，增强他们的历史责任感和使命感。这种责任感和使命感的增强，有助于他们更好地为实现中华民族伟大复兴的中国梦贡献力量。

三是推动中国特色社会主义事业的发展。通过红色校史教育，青年一代能够深刻认识到中国特色社会主义制度的优越性和必然性，坚定他们的"四个自信"。这种自信心的建立，有助于他们更加积极地投身到中国特色社会主义事业的实践中去，为推动中国特色社会主义事业的发展贡献自己的力量。

二、红色校史教育是培养堪当民族复兴重任的时代新人的必由之路

红色校史教育，作为培养堪当民族复兴重任的时代新人的必由之路，具有不可或缺的重要意义。这一教育形式不仅是对历史的尊重与传承，更是对新时代青年精神的塑造与引领。

首先，红色校史教育能够深化青年对党的历史、革命传统和民族精神的认知。通过系统学习红色校史，青年一代能够深入了解中国共产党领导人民进行革命、建设和改革的艰辛历程，深刻体会革命先烈的英勇奋斗和无私奉献，从而激发强烈的爱国情感和民族自豪感。这种情感认同和价值认同，是培育时代新人担当民族复兴大任的重要精神基础。

其次，红色校史教育有助于塑造时代新人的正确世界观、人生观和价值观。红色校史蕴含着丰富的革命精神、道德品质和人生价值，是青年一代树立正确三观的重要教育资源。通过红色校史教育，青年能够学习到革命前辈的崇高理想和坚定信念，学习到他们为人民服务、为共产主义事业奋斗终生的崇高品质，从而树立起正确的世界观、人生观和价值观，为成为堪当民族复兴重任的时代新人奠定坚实的思想基础。

再次，红色校史教育能够激发时代新人的奋斗精神和创新精神。红色校史中的革命历程和革命精神，是激励青年一代不断奋斗、勇攀高峰的重要动力。通过学习红色校史，青年能够深刻认识到只有不懈奋斗、勇于创新，才能实现个人价值和社会价值的统一，才能为实现中华民族伟大复兴的中国梦贡献自己的力量。这种奋斗精神和创新精神，是时代

新人必备的素质，也是推动社会不断发展的重要力量。

最后，红色校史教育还能够促进时代新人的全面发展。红色校史教育不仅注重知识的传授，更注重实践能力的培养和综合素质的提升。通过参与红色校史教育实践活动，青年能够锻炼自己的组织协调能力、团队合作能力和解决问题的能力，提升自己的综合素质和适应能力。这种全面发展，是时代新人成为堪当民族复兴重任的栋梁之材的重要保障。

因此，红色校史教育是培养堪当民族复兴重任的时代新人的必由之路。我们应该高度重视红色校史教育的作用，加强红色校史教育资源的挖掘和整合，创新红色校史教育的形式和方法，让红色校史教育在培育时代新人中发挥更大的作用。

三、红色校史教育是传承中华优秀文化的主要内容

红色校史是中华民族在革命、建设和改革过程中形成的宝贵精神财富，它蕴含了中国共产党人坚定的理想信念、崇高的道德品质和无私奉献的精神。中华优秀传统文化则源远流长，包含了丰富的历史、哲学、文学、艺术、道德等内容，是中华民族的根和魂。红色校史教育与中华优秀文化在精神内核、价值取向上具有高度的一致性，都是强调爱国主义、集体主义、艰苦奋斗等精神。

红色校史教育通过讲述革命先烈的英勇事迹和革命精神，让青年一代深刻认识到中华优秀文化的伟大力量和时代价值，增强文化自信和文化自觉。红色校史教育能够引导青年一代从红色历史中汲取智慧和力量，学习革命前辈的崇高品德和奋斗精神，培养具有爱国情怀、担当精神、创新意识的时代新人。红色校史教育通过红色文化的传承和弘扬，促进中华优秀文化的创新发展，推动中国特色社会主义文化繁荣兴盛。

总之，红色校史教育是传承中华优秀文化的主要内容之一。通过加强红色校史教育，可以引导青年一代深入了解中华优秀文化的精神内核和价值取向，增强文化自信和文化自觉，培养具有爱国情怀、担当精神、创新意识的时代新人，为中华民族的伟大复兴提供强大的精神支撑和文化动力。

第二节 新时代高校校史教育的主要困境

在高校校史教育中，出发点是受教育者的实际状况以及他们所处的社会环境，落脚点是坚守立德树人根本任务，通过选取恰当的教育内容和方法，深化学生对红色基因的理解，并激励他们将其付诸实践。从出发点到落脚点，是受教育者在校史认知上从初步了解到深入理解红色精神的发展过程，这一过程中的矛盾，便是高校校史教育的基本矛盾。解决这一基本矛盾的过程，就是不断提升校史教育效果的过程。

一、红色校史教育观念消极落后的问题

一方面是忽视校史教育育人价值，另一方面是单纯将校史教育简单等同于思想政治教育。

校史文化中蕴含着丰富的道德教育资源，通过学习和传承校史文化，可以引导学生形成正确的道德观念和行为规范。但是，在忽视校史教育育人价值的观念下，这些教育资源往往被忽视，导致学生在人格修养方面存在缺陷。在实际的教育过程中，往往只关注于校史知识的传授，而忽视了其背后所蕴含的育人价值。在忽视校史教育育人价值的观念下，学生难以从中汲取文化养分，导致对学校的认同感和归属感降低，文化自信也难以建立。

另一个是单纯将校史教育简单等同于思想政治教育的问题。虽然校史教育和思想政治教育有一定的联系，但二者在目标、内容和方法上存在差异。一些教育者可能对红色资源的价值、意义及其在校史教育中的重要作用缺乏足够的认知。他们可能将红色资源简单地视为历史事件的堆砌，而没有意识到其背后所蕴含的深刻历史意义和革命精神。可能仍然采用传统的、灌输式的教学方法，没有充分利用现代教学手段和技术，如多媒体、虚拟现实等，来增强红色校史教育的吸引力和感染力。这可能导致学生对红色校史教育缺乏兴趣，无法真正领会其内涵。可能只是简单地重复已有的教育内容和方法，而没有根据时代的发展和学生的需求进行改进和创新。这可能导致红色校史教育缺乏活力和生命力。忽视了学生的主体性和参与性，只是单纯地讲解和灌输知识，而没有引导学生主动思考、积极参与。这可能导致学生对红色校史教育产生抵触情绪，无法真正融入其中。只是孤立地开展红色校史教育，而没有将其与其他学科进行有机结合。这可能导致红色校史教育的效果不佳，无法真正发挥其应有的作用。

为了解决这些问题，应该摒弃这些落后的校史教育观念，重新认识校史教育的育人价值，加强对红色资源的认知和理解，创新教育方法和手段，注重学生的主体性和参与性，加强与其他学科的融合，并不断更新教育观念，以适应时代发展和学生的内生需求。

二、红色校史资源开发涵养不足的问题

主要表现为红色校史资源的开发不充分、红色校史文化的学理论证不够完善两个方面。

一方面，资源挖掘不充分。一些学校在开发红色校史资源时，往往只停留在表面，没有深入挖掘其背后的历史意义、精神内涵和时代价值，这导致资源利用停留在初级阶段，无法充分发挥其教育功能。部分学校在展示红色校史资源时，采用的形式较为单一，如仅通过文字、图片等传统方式进行展示，缺乏创新和吸引力。这使得学生在接受红色教育时感到枯燥乏味，难以产生共鸣。教育内容不系统，一些学校在红色校史教育方面缺乏整体规划，教学内容零散、不系统。这导致学生难以形成对红色历史的完整认识和理解，影响教育效果。资源整合力度不够，红色校史资源分布在不同的领域和部门，需要进行有效的整合和共享。然而，一些学校在资源整合方面力度不够，导致资源利用不充分，甚至出现资源浪费的情况。缺乏互动和体验，红色校史教育不仅仅是传授知识，更重要的是激发学生的情感共鸣和参与意识。然而，一些学校在红色校史教育中缺乏互动和体验环节，使得教育过程变得单调乏味，难以引起学生的兴趣和共鸣。

另一方面，红色校史文化研究问题不够深入。红色文化研究论证不够严密，当前对红色校史文化的理论研究可能还停留在较为浅显的层面，没有深入挖掘其深层的文化价值和历史意义。同时，研究范围可能较为狭窄，未能全面覆盖红色校史文化的各个方面。未建立科学完整理论体系，红色校史文化作为一个独特的文化体系，需要一套完整的理论体系来支撑。然而，目前可能还缺乏一个系统、完整的理论体系来阐述红色校史文化的内涵、特点、价值和功能。理论与实践的结合不够紧密，在理论研究过程中，可能存在理论与实践脱节的情况。一些研究成果可能过于理论化，缺乏实践操作的指导性和可行性。同时，一些实践经验也可能未能及时转化为理论成果，导致理论与实践的相互促进效应不明显。研究方法的创新性不足，在红色校史文化的研究中，可能需要运用多种研究方法和手段。然而，目前可能还存在研究方法较为单一、创新性不足的问题。这可能导致研究结果的局限性和片面性。

此外，不少高校在思政教育经费的投入上存在不足，这直接影响了高校对红色基因传承教育的建设与发展。经费的短缺使得高校在红色教育资源的获取、教育内容的创新、教育方法的更新等方面受到诸多限制。同时，部分高校在顶层设计上缺乏对红色基因传承教育课程、学分、课时的明确要求，这也在一定程度上削弱了红色教育的系统性和规范性。

三、校史教育教师队伍建设不完善的问题

一是思政教师数量配备不足。思政课堂是高校开展传承和弘扬红色基因的主阵地，日常思想政治教育是不断增强青年学生对红色基因认同的主渠道。思政课和辅导员的质量和素质直接影响着思想政治教育开展的实际效果。从数量上看，不少高校思政课教师师生比达不到教育部 1∶350 的要求。对思政工作队伍培养培训措施不落实，队伍综合素质亟待提升。开展红色教育的两支重要队伍之间的协同机制尚未完全建立，辅导员队伍中存在对思政课的重要性认识不足的现象。[1]

二是校史研究队伍的力量不足。红色校史文化的理论研究需要一支专业、强大的研究队伍。然而，目前可能还存在研究队伍力量不足、专业素养不高的问题。这可能导致研究工作的进展缓慢、质量不高。

三是校内外、校地企多方学术交流和合作不够充分。红色校史文化的理论研究需要广泛的学术交流和合作。然而，目前可能还存在学术交流和合作不够充分的问题。这可能导致研究工作的孤立性、封闭性，难以形成合力推动理论研究的深入发展。

---

1 孙喆, 盖元臣. 论校史教育与大学生思想政治教育 [J]. 齐齐哈尔大学学报 (哲学社会科学版), 2014(03):171-172.]]

四、红色校史教育育人实效不突出的问题

高校校史也应该坚持立德树人，以人为本，以学生的成长作为检验育人效果的重要标准。通过实践教育观察，目前校史教育存在着教育内容与学生实际脱节、教育方式单一枯燥、缺乏有效评估和反馈机制、忽视学生个体差异和需求、缺乏与时代发展的结合等问题。

红色校史教育往往侧重于历史事件的叙述和革命精神的传承，但在实际教学中，这些内容可能与学生的现实生活、学习经历和兴趣爱好等相脱节，导致学生难以产生共鸣和深入理解。这种教育内容与学生实际的脱节，使得红色校史教育难以真正发挥育人作用。一些学校在进行红色校史教育时，仍然采用传统的灌输式教学方式，缺乏创新和实践。这种单一枯燥的教学方式往往难以引起学生的兴趣和关注，甚至可能使学生产生抵触情绪。此外，缺乏互动和参与的教育方式也难以让学生真正深入了解和体验红色校史文化的内涵。

红色校史教育的实效需要通过有效的评估和反馈机制来检验。然而，一些学校可能缺乏这样的机制，导致教育效果无法得到及时准确地评估。这既不利于教师了解学生的学习情况和需求，也不利于学校对红色校史教育进行持续改进和优化。不同学生在兴趣、背景、认知水平等方面存在差异，需要因材施教。然而，在红色校史教育中，一些学校可能忽视了学生的个体差异和需求，采用一刀切的教育方式。这既不利于满足学生的个性化需求，也难以提高教育的针对性和实效性。红色校史教育需要与时俱进，与时代发展紧密结合。然而，一些学校可能仍然沿用传统的教育内容和方式，没有充分考虑到时代发展的变化和学生的实际需求。这可能导致红色校史教育与现实社会脱节，难以发挥其在现代社会中的育人作用。

为了解决这些问题，学校应该加强红色校史教育的创新和实践，注重学生的主体性和参与性，建立有效的评估和反馈机制，并充分考虑学生的个体差异和需求。同时，学校还需要将红色校史教育与时代发展紧密结合，不断更新教育内容和方式，以适应现代社会的发展需求。

此外，高校校史教育中还存在着诸多问题，如高校开展红色教育的途径比较单一，基层党组织常态化、系统化开展红色教育不充分，没有融入日常的校园文化活动中等问题还普遍存在。缺乏交流互动、沁人心脾的方法路径和有效工作机制，品牌特色不明显，红色教育专题网站、微信公众平台关注度不高，高质量、有吸引力的博文不多，师生的参与性和融合度不高等等，需要系统开展校史教育理论与实践研究。

第三节　新时代高校校史教育的未来展望

"高质量红色校史教育体系是构建高质量校史教育的重要前提"[1]。要切实提升高校传承弘扬红色基因开展校史教育的实效性，就要坚持目标导向，聚焦问题，靶向施策，构建新时代校史育人新格局，打造红色品牌，拓展育人阵地，实现学生知情意行契合发展，进而形成高质量思想政治教育体系。

一、坚持党的领导

坚持党的领导，无疑是高等教育红色基因最鲜明的政治标识。这一标识不仅体现了高等教育作为社会主义建设事业重要组成部分的根本属性，也彰显了党对高等教育事业全面领导的坚定决心。在红色校史

---

1 刘昊.红色校史文化融入高校思想政治教育路径探析——以中国共产党创办的几所高等院校为
　例 [J].渤海大学学报 (哲学社会科学版),2021,43(06):83-87.

教育的视角下，党的领导意味着高等教育必须始终坚守社会主义办学方向，坚持立德树人根本任务，培养德智体美劳全面发展的社会主义建设者和接班人。

马克思主义作为高等教育的理论品格，是红色基因的重要组成部分。高等教育在传承和弘扬马克思主义的过程中，不仅要注重理论的学习和研究，更要将其与中国的具体实践相结合，形成具有中国特色的马克思主义理论体系。这样的理论体系，既能够指导高等教育事业的发展，又能够为学生提供科学的世界观和方法论。

中国道路是高等教育红色基因的实践源泉。中国特色社会主义道路是中国共产党领导中国人民在长期实践中逐步探索出来的，具有鲜明的中国特色和时代特征。高等教育作为社会发展的重要推动力，必须紧密结合中国道路的实践，不断探索符合中国国情的高等教育发展模式，为实现中华民族伟大复兴的中国梦提供有力支撑。

为党育人、为国育才，是高等教育红色基因的价值追求。这一追求体现了高等教育的根本宗旨和历史使命。在红色校史教育中，我们要引导学生深刻认识个人与国家、个人与社会的紧密联系，培养他们的爱国情怀和奉献精神，使他们成为能够担当民族复兴大任的时代新人。

在新时代新征程上，高等教育传承红色基因的关键在于坚定教育自信。我们要坚信中国特色社会主义教育制度的优越性，坚持走中国特色社会主义教育发展道路。同时，我们要坚持党的创新理论武装，用习近平新时代中国特色社会主义思想武装头脑、指导实践、推动工作。在把握"中国特色"与"世界一流"的关系上，我们要坚持中国特色、世界一流相统一的办学目标，既要扎根中国大地办大学，又要面向世界科技前沿、面向经济主战场、面向国家重大需求、面向人民生命健康，不断提升高等教育的国际影响力和竞争力。推进高等教育治理体系和治理能力现代化建设，是高等教育传承红色基因的根本动力。我们要不断完善高等教育治理结构，建立健全现代大学制度，提高高等教育治理的科学化、民主化、法治化水平。同时，我们要加强高等教育的内涵建设，提升教育教学质量，培养更多具有创新精神和实践能力的高素质人才，为社会主义现代化建设提供有力的人才保障和智力支持。

二、构建多方合力联动机制

在红色校史教育的理论指导下，构建合力联动机制对于深化高校思政课中的红色基因融入至关重要。

首先，我们需要构建一个部门联动保障体系，以确保红色基因教育的全面性和系统性。这一体系要求党委、团委、教务处等多个部门协同合作，形成紧密的合作机制。

党委作为高校的领导核心，应发挥其在红色基因教育中的引领作用。通过出台相关政策文件，为红色基因教育提供制度保障和政策支持，确保红色基因教育在高校思政课中的有效实施。此外，党委还应加强对红色基因教育的监督和评估，确保各项政策措施的落地生根。马克思主义学院作为高校红色基因教育的主要承担者，应深入调研当前学生政治教育的特点，结合时代发展脉络，创新红色基因教育的方法和手段。通过组织专题研讨会、开设红色文化课程等方式，引导学生深入了解红色文化，培养爱国情怀，树立正确的历史观。同时，学校各部门应共同为红色基因教育提供物质保障。设立专项资金支持红色基因的挖掘和传承工作，组建专业研究团队进行深入研究，并定期汇报总结研究成果。这些措施将为红色基因教育提供有力支撑，确保其在高校思政课中的有效实施。

其次，还要充分发挥家庭在校史教育中的积极作用。传承家庭红色故事并深入挖掘家风的育人价值，鼓励学生积极探寻自己家庭和小区中蕴含的红色基因故事，从而深入了解并领会自家家风的独特内涵。学生们不仅热情高涨地与同学们分享他们的家庭红色故事和家风故事，更是将这些故事精心整理成册，汇编成一本名为《家庭红色故事集》的班本教材，用于党史教育和红色基因的传承。这本故事集在班级内广泛传阅，使得红色基因的传承深深烙印在学生的日常行为之中。

借助"身边的英雄"主题班会上，学生们通过文字、照片和视频等多种形式，生动地讲述了自己身边那些英雄人物的故事。有的同学深情回忆了奋战在抗疫前线、无惧生死的疾控中心母亲；有的同学分享了退休后义务为小区居民修理家电、不求回报的爷爷；还有的同学带来了关于哥哥远赴边远小学支教的感人故事。这些故事因其真实性和贴近性，具有极强的现实感染力，有效引导学生从集体利益出发，积极奉献，全心全意为人民服务，并帮助他们树立正确的成才观和价值观。

三、构建产学研红色校史育人大格局

构建产学研红色校史育人大格局需要高校、社区、企业、政府等主体凝聚共识、共建平台、共享资源。通过共同努力，形成多方协同、资源共享的良好局面，推动红色校史教育的深入实施和广泛影响。

（一）多方主体凝聚共识

高校作为知识创新和人才培养的重要基地，应充分认识到红色校史教育在传承红色基因、弘扬革命精神方面的重要作用。通过举办座谈会、研讨会等形式，加强师生对红色校史教育的认识和理解，形成全校上下的共识。社区作为人们生活的基本单元，是红色校史教育的重要载体。社区应积极营造红色文化氛围，加强居民对红色校史教育的认同感，形成社区范围内的共识。企业作为社会经济的主体，应认识到红色校史教育在企业文化建设和员工素质提升中的重要作用。通过组织员工培训、开展红色文化活动等方式，加深员工对红色校史教育的认识和支持。政府作为政策制定者和资源整合者，应发挥主导作用，推动高校、社区、企业等主体形成共识。通过出台相关政策、组织联席会议等方式，加强各方之间的沟通与协作，共同推动红色校史教育的深入实施。

（二）共建协同育人平台

高校与企业可以共同建立红色校史教育基地、产学研合作平台等，为学生提供实践机会，为企业培养具备红色基因的人才。通过合作平台的建设，实现资源共享、优势互补。社区可以与高校合作，共同开展红色文化活动、志愿服务等，将红色校史教育融入居民日常生活中。通过社区与高校的互动，增强居民对红色校史教育的参与感和归属感。政府可以发挥主导作用，整合高校、社区、企业等资源，共同构建红色校史教育综合服务平台。该平台可以提供红色校史教育资源、举办红色文化活动、开展红色教育培训等服务，为各方提供便捷、高效的合作渠道。

（三）共享校史资源

高校可以与企业、社区共享红色校史教育资源，如教材、案例、师资等。通过资源共享，提高红色校史教育的质量和水平，促进各方之间的交流与合作。高校可以与企业合作，为学生提供实习、实践等机会，让学生在实践中深入了解红色校史文化，增强红色文化自信。同时，企业也可以借助高校的科研力量，开展红色校史文化的研究和开发工作。政府可以组织各方共同开展红色校史文化的宣传和推广工作，如举办红色校史文化节、开展红色主题宣传活动等。通过宣传资源的共享，提高公众对红色校史文化的认知度和认同感，推动红色校史文化的传承和发展。在此基础之上，挖掘本土红色资源，丰富社会研学实践。策划红色主题的研学旅行活动，让学生亲身体验红色文化。在研学旅行中，可以安排学生参观红色景点、参与红色文化活动、听取红色故事讲解等，让学生在轻松愉快的氛围中接受红色教育。

四、创新数字化校史教育模式

在红色校史教育的实施过程中，科技的运用不仅能够深化教育内涵，还能拓宽教育途径，提升教育效果。

打造沉浸式红色校史文化场域。红色校史文化场域的建设，不仅仅是物理空间的布置，更是文化与精神的融合。利用虚拟现实（VR）、增强现实（AR）和 3D 打印等先进技术，我们可以在校园内打造沉浸式的红色校史体验区。例如，通过 VR 技术，学生可以"穿越"到历史的瞬间，亲身感受历史事件；AR 技术则可以在现实环境中叠加历史场景，使学生仿佛置身于历史的长河中。此外，3D 打印技术可以复现历史文物和建筑模型，为学生提供更加直观的学习材料。

加强红色校史资源的数字化建设。数字化是保护和传承红色校史资源的重要手段。首先，通过扫描、拍照等方式将纸质档案转化为数字档案，便于保存和传播。其次，利用数据挖掘、图像识别、深度学习等信息技术对红色校史资源进行深度分析和处理，提取有价值的信息，构建红色校史资源数据库。这样，师生可以随时随地通过网络访问这些资源，实现红色校史资源的共享和高效利用。

丰富红色校史的传播方式。在数字化时代，新媒体平台为红色校史的传播提供了广阔的空间。我们可以利用微博、微信、慕课等新媒体平台，定期发布红色校史文章、视频和音频资料，让红色校史成果"处处能观、时时可学"。同时，结合 VR、AR 技术，我们可以制作虚拟校史馆、虚拟红色旧址等,让学生在家中就能身临其境地感受红色历史。此外,短视频、微电影、情景短剧等多媒体形式也可以用来讲述红色校史故事,使红色校史教育更加生动、有趣。

提升红色校史教育的互动性和参与度。科技的应用还可以提升红色校史教育的互动性和参与度。例如,通过在线问卷、讨论区等方式收集学生对红色校史教育的反馈和建议,不断改进教育内容和方式。同时,利用互动游戏、在线答题等形式激发学生的学习兴趣和积极性,让学生在轻松愉快的氛围中学习红色校史知识。

第二编　百年校史融入高校育人环节的幼专探索

第七章　赓续百年幼师发展道路

幼儿师范学校是我国教师教育体系中的重要一环，负有培养幼儿教师的重要使命。在我国现代教育体制的变革中，幼儿师范学校从办学体制、办学模式以及育人目标的诸多变革，可以说一部幼儿师范学校的办学历史就是一部我国学前教育事业不断发展改革的历史，更是一部现代儿童观念变革、教师教育人才培养迭代升级的历史。

第一节　幼儿师范教育的历史嬗变

1896 年，梁启超于《时务报》上刊登了《变法通议·论师范》，这标志着中国近代教育史上第一次有专门文章深入探讨了师范教育的问题 [1]。随后，国人自办女学也开始了中国幼儿师范教育的早期自我探索，而清政府分别于 1904 年和 1907 年颁布的《奏定学堂章程》与《女子师范学堂章程》初步规定了蒙养院中保姆的训练要求，标志着中国制度化幼儿师范教育的确立。自那时起，中国制度化的幼儿师范教育已经历了一百多年的发展历程。那么，在这一百多年里，中国幼儿师范教育究竟走过了怎样一段充满曲折的道路呢？中国幼儿师范教育又经历了怎样的历史变迁？

---

1 李召存 . 中国近代幼儿师范教育的历史嬗变 [J]. 学前教育研究 ,2008(11):41-44.

一、中国幼儿师范教育的萌芽

（一）西方教会主导的幼稚园师资培养

在清政府正式将幼儿教育官方化、制度化之前，西方教会已在中国开办的女子学校中悄然启动了幼稚园师资的培训工作。这些机构成为中国最早的一批幼教师资训练场所。教会之所以投入幼稚园师资的训练，主要是出于宗教目的，旨在培养儿童对教会的终身忠诚。例如，1889年美国卫理公会在苏州创立了英华女中，并设立了幼师班；1892年，美国监理公会传教士海淑德在上海创办了幼稚园教师训练班，该班每周六下午上课，共有 20 名学生；1898 年 2 月，英国长老会在福建厦门设立了幼稚师资班；1902 年，为纪念海淑德，美国监理公会在苏州开办了景海女学，其主要职责是培养幼稚园师资；1904 年，美国长老会在岭南大学设立了高等幼稚师范专科部；1905 年，美国公理会在北京协和女书院也设立了高等幼稚师范专科部。这些幼儿师资培训机构为中国的幼儿教育领域培养了大量人才。这类幼儿师资培训机构所培养的，可以说是"牧师型幼儿教师"。它们的目标与其说是为了推动幼儿教育事业的发展，不如说是为了基督教能够在中国民众中得到更好的传播。正如张雪门所指出的那样，这些由教会培养的幼儿教师，他们的主要职责是为自己的教会服务，而非纯粹为教育事业或儿童服务。他们"拿的是教会的钱，吃的是教会的饭……为他们自己的教会尽责，不是为教育服务，是为了宗教，不是为了孩子。"[1]

（二）中国幼儿师范教育的萌芽

在 20 世纪初的曙光中，中国幼儿师范教育的自我探索实践悄然萌

---

1 中国学前教育史编写组 . 中国学前教育史资料选 . 北京：人民教育出版社,1989:189.

芽。在那个动荡不安的时代背景下，中国人不屈不挠地追寻着民族救亡与民族复兴的希望。正是在这样的氛围中，国人自办的幼儿师范教育开始崭露头角，其中不乏一些女学机构，自创立之初就明确了其独特的使命——培养优秀的幼教师资。

以 1903 年湖北幼稚园附属的女子学堂为例，这所学堂专门面向 15 至 35 岁的女性，为她们精心设计了幼儿师范课程的培训，旨在培养出既有专业知识又有教育热情的幼教人才。这所学堂被赋予了"女子速成保育科"的美誉，成为国人自办的最早的幼稚师资培训班之一，为后来的幼儿教育事业奠定了坚实的基础。同年，在古都北京，京师第一蒙养院也开设了保姆师范课程，为有志于投身幼教事业的女性提供了宝贵的学习机会。而在一些女学机构中，随着其不断发展壮大，也开始从已有的学生中选拔出精英，进行更为深入的幼儿教育专业训练。以天津严氏保姆讲习所为例，这所学府在 1905 年应运而生，它基于原有的严氏女塾基础发展而来，专注于培养幼儿教育师资。在短短的时间内，它就培养了 20 多名毕业生，他们后来成了中国北方最早的一批幼教工作者，为当地的幼儿教育事业注入了新的活力。

同样，在上海这座繁华的都市中，1907 年设立的公立幼稚舍附设保姆传习所，也是基于先前的上海务本女塾基础发展而来。这所学府在师资培养上独具匠心，培养出了一批又一批的幼儿教育人才，为上海的幼儿教育事业贡献了巨大的力量。这些幼儿师资培训机构的出现，不仅体现了国人对师范教育和女子教育的深刻认识，更是他们为挽救民族危机、实现民族复兴而做出的不懈努力。在这一过程中，有的教育界人士借鉴了日本明治维新的经验，通过"日本化"的方式探索适合中国的幼教师资培养路径。他们或直接聘请日本教习，或派遣人员前往日本学习，以便学成后回国从事师资培训工作。这种开放包容的态度，使得中国的幼儿师范教育在短短的时间内取得了长足的进步。

此外，当时的教材也体现了这一特点。例如宣统元年（1909 年）由中国图书公司发行的《保姆传习所讲义初集》，就融合了中日的教育理念和方法，为中国的幼儿教育事业提供了宝贵的理论支持和实践指导。这些教材和著作的出版，不仅丰富了中国的幼儿教育理论体系，也为后来的幼儿教育事业提供了重要的参考和借鉴。

二、中国幼儿师范教育的民族化突围

在 20 世纪 20 年代末至 40 年代，国人自办的幼稚师范教育呈现出蓬勃的发展势头。这一势头的背后，有着多方面的推动力。首先，随着全国各地幼稚园的持续扩张，对专业、合格的幼稚园教师的需求变得日益迫切，这为国人自办幼稚师范教育提供了广阔的市场空间。其次，教会幼稚师范在中国的主导地位及其所带来的教育模式和教育内容与中国社会的实际需求和文化背景存在一定的差异，这引起了幼教界的警觉和反思，有人甚至提出了"停止各教会开办的幼稚师范"的呼声。再次，近 20 年的幼教实践经验为国人自办幼稚师范教育提供了宝贵的经验和启示，使得国人能够结合国情，探索出更加科学、合理的幼儿教育模式和师范教育路径。

从师范教育政策层面来看，自 1927 年后，师范教育逐步恢复了独立设置的体系。特别是在 1928 年 5 月，第一次全国教育会议在南京召开，陶行知和陈鹤琴等教育先驱分别提出了《各省开办试验幼稚师范案》和《各省师范学校急需设幼稚科案》，这些提案为幼稚师范教育的发展提供了政策支持和方向指引。随后，1933 年国民政府教育部颁布的《师范学校规程》明确规定"师范学校得附设特别师范科和幼稚师范科"，这一规定为幼稚师范教育的规范化和专业化发展奠定了制度基础。

回顾这一时期的发展历程，国人自办的幼稚师范教育取得了显著的成果。1922年，江苏省立第一女子师范设立了幼稚师范科，这标志着我国最早的自办幼稚师范教育机构的诞生。随后，各地纷纷效仿，如1927年陈嘉庚创办的厦门集美幼稚师范学校、1928年夏南京市教育局与中央大学合办的幼师训练班、同年上海成立的私立幼稚师范等。这些学校的建立，不仅满足了当时社会对幼稚园教师的需求，也为中国幼儿教育事业的发展培养了大量的人才。

随着时间的推移，国人自办的幼稚师范教育不断发展和完善。1929年，安庆省立女中和福建省立女中相继设立幼稚师范科；1930年北平幼稚师范学校成立；1931年四川成都也创立了一所私立幼稚师范；1932年察哈尔教育厅设立了幼稚教育讲习班。这些学校的建立，进一步推动了幼稚师范教育的发展，提高了幼儿教育师资的整体水平。

到了1940年，陈鹤琴在江西创建了省立实验幼稚师范学校，这所学校在幼儿教育理论和实践方面进行了深入的探索和创新。1943年，该校改为国立幼稚师范学校，并增设了幼稚师范专科，这标志着我国幼稚师范教育进入了一个新的发展阶段。这20年的发展历程不仅改变了外国教会主导幼稚师范教育的局面，还深入探索了中国化幼稚师范教育的理论和实践，为中国幼儿教育事业的繁荣和发展奠定了坚实的基础。

三、中国幼儿师范教育的中国式探索

在探索中国化幼稚师范教育的道路上，"南陈北张"所主持的北平幼稚师范学校和江西省立实验幼稚师范学校贡献卓越。1930年，熊希龄创立北平幼稚师范学校后，诚邀张雪门执掌校务。张雪门决心"自成一格地实施实验性教学法"，将幼稚师范塑造为"实验幼稚新教育的工具"。在办学方针上，他结合国情，既不模仿美国，也不效仿日本，而是力求避免教育内容的洋化。学校既重视理论知识的传授，又强调实践操作，特别注重学生实习和社会实践的环节。

江西省立实验幼稚师范学校于 1940 年 10 月成立，这是中国第一所公立独立的幼稚师范学校。它的创办是陈鹤琴长期致力于培养中国化幼教师资的夙愿。该校基于"活教育"理论原则，在幼师课程、教材等方面进行了独特且符合中国国情的实验性探索，逐渐构建了一系列具有特色的幼稚师范教育理论。

张雪门坚信，发展中国的幼教、提高幼稚园教育质量，关键在于办好幼稚师范。他强调："如果我们仅仅关注幼稚园教育而忽视师范教育，就如同清洁溪流而不清理水源，修剪枝叶而不关注树木的根本，这绝非彻底的解决方案。"陶行知也指出，在中国普及幼稚教育，幼师的培养至关重要，至少需要 150 万人，这是一个巨大的挑战。他提出了"各省开办实验幼稚师范"的策略，并探索了一条以幼稚园自身的教学实践来培训师资的新途径。这种方法在当时是解决师资短缺问题的"穷国"中的"穷办法"，虽不能完全替代师范学校的教育，但无疑为幼师教育制度的改革提供了新的思路。

陈鹤琴则批评了抄袭外国经验的做法，主张用"活教育"理念对师范教育的教学过程进行根本性改革，将学生的学习与工作紧密结合，使教学与实习融为一体，重在培养学生的能力。他强调，"师范生必须成为生活的主人"，应以主人翁的姿态独立创造生活，而非死读书、依赖老师或家长。

由此可见，这一时期形成的幼稚师范教育思想源于中国师范教育的实际情况，是在总结实践经验与借鉴外国先进理论的基础上形成的独特观点。它与同时代幼稚师范教育先驱们的开拓精神和科学态度共同构成了当前我国师范教育事业改革和发展的重要精神支柱。

四、中国幼儿师范教育的形成发展

自从中华人民共和国的庄严成立，我国政府对教育的监管与投入给予了前所未有的重视。在这一宏伟蓝图中，师资的培养与培训被置于至关重要的地位，其中幼师教育工作更是取得了令人瞩目的成就。建国伊始，教育部便颁布了《师范学校暂行规程》与《幼儿师范学校教学计划》，这两部法规如同明灯，为规范幼儿师范学校的运作和提升教育质量指明了方向。随着 1952 年的院系调整，五大行政区内的师范院校纷纷增设了高师学前教育专业，这一举措为我国幼儿师范教育体系的构建奠定了坚实的基础。1956 年 6 月，教育部发布的《关于大力培养小学教员和幼儿园教养员的指示》更是如春风化雨，强调了职前教育的重要性，使得短期培训班成为当时幼教人才培养的重要甚至主要形式。

然而，历史的波折使得幼师教育遭遇了一段低谷期。在"文革"期间，幼师及高师学前教育专业的招生工作一度陷入停滞，人才培养遭遇重大挫折。幸运的是，随着中共十一届三中全会的召开，幼儿师范教育重新迎来了春天。1978 年，教育部在《关于加强和发展师范教育的意见》中明确指出，要"积极办好幼儿师范学校"。到 1979 年，全国范围内已设立了 22 所幼师学校，为幼儿教育事业的蓬勃发展注入了新的活力。

随着时代的进步，职业高中开设幼师班的方式逐渐崭露头角，成为培养幼教师资的新途径，并为日益增多的民办幼儿园提供了稳定的师资保障。同时，高师学前教育专业也持续壮大，至 1987 年全国已有 22 所高师院校开设了此专业。进入 90 年代至 21 世纪初，幼儿师范教育更是迎来了新的高潮。一批 5 年制的幼儿师范专科学校应运而生，南京师大、北京师大等高等学府也相继获得了幼儿教育硕士和博士学位的授予权，这标志着我国幼教专业人才的培养已经迈入了一个崭新的高度。

第二节　中国幼儿师范学校的历史变革

幼儿师范学校是落实我国幼儿教师教育的主体，探寻中国幼儿教师教育百年历史演进的过程，实际上也是幼儿师范学校的历史演进过程。在此过程之中，我国幼儿师范学校在办学类型、层次和体系等方面经历了全面性的重塑，见证了中国教师教育机制的变革，见证了中国教育事业发展的百年沧桑。

一、幼儿师范学校的政策目标变革

新中国成立后，为了推进教育的广泛普及，教育部陆续颁布了《师范学校暂行规程》和《幼儿师范学校教学计划》。这些政策的实施，通过标准化和规范化的办学方式，确立了幼儿师范院校在学前教育师资培养中的核心地位，从而迅速扩大了这些院校的招生规模。数据显示，到1957年，中等幼儿师范学校已达到20所，共有在校学生15 287人。而到了1989年，全国已有63所独立的幼儿师范学校，在校生人数增至3.56万人，为国家的学前教育领域输送了大批的专业教师。

随着教育规模的基本形成，1999年，中共中央和国务院联合发布了《关于深化教育改革全面推进素质教育的决定》。该决定提出"要调整师范学校的结构和布局，并鼓励综合性的高等学校以及非师范类的高等学校参与到中小学教师的培养和培训工作中"。这一公共政策的出台，引导了多方主体共同参与到教师的教育工作中，从而提升了教师的培养质量。此后，国内的教师教育体制开始走向开放，中等幼儿师范学校的数量大幅减少。许多中等幼儿师范学校通过合并、升级或改制，在原有基础上转型为高等学校。据统计，到 2016 年，已有 35 所以"幼儿师范高等专科学校"命名的高等学校，相较于 2011 年，增加了 28 所。这标志着以高等教育为主导、多方教育机构共同参与的幼儿教师教育体系已基本形成。

随着中国特色社会主义进入新时代，人们对学前教育的期望也从"幼有所育"转变为"动有优育"。为此，教育部发布了《实施卓越教师培养计划 2.0 的意见》，明确提出了"要针对教师培养的薄弱环节和深层次问题，对教师培养模式进行深化改革，并建立高校与地方政府、中小学（包括幼儿园、中等职业学校、特殊教育学校）之间的协同培养新机制"。这一指导意见预示着新时代学前教师教育将从数量增长转向质量提升的新变革。总体而言，为了满足人民对高质量学前教育的不断增长的需求，政府正在通过宏观政策积极调整教师教育体制，推动学前教师教育从"统一建制、封闭管理"向"多元化办学、开放式治理"的新格局转变。

二、幼儿师范学校的教育目标变革

幼儿师范院校是学前教师教育的核心领域和关键平台。作为学前教育师资培养的主力军，其教育质量直接关联着学前师资队伍的整体素质，进而深刻影响着学前教育的整体质量[1]。随着国家教育体制的全面革新，幼儿师范院校在办学类型、层次和体系等方面经历了全面性的重塑，学前教师教育的教育逻辑也随之发生了颠覆性的变革。

首先，随着教师教育体制的开放与融合，幼儿师范院校正逐步从

---

1 史妍,赵晓雨.基于场域理论的学前教师教育 UGK 治理模式探究 [J].教育理论与实践 ,2023,43(22):32-38.

传统的师范院校转型为以师范专业为特色的职业院校。这标志着学校的教育属性和职业属性开始相互交融。新版《职业教育专业简介》的发布，正式将幼儿保育、早期教育、学前教育等专业纳入职业教育体系，明确了幼儿师范院校在职业教育领域的重要地位。在坚持教师教育发展规律的同时，幼儿师范院校还需树立"教师是专业职业"的理念，将培养"高素质技术技能人才"作为核心目标，通过课程与专业的优化设置，实现职业教育与市场需求的有效对接。

其次，随着教师学历层次的普遍提高，幼儿师范院校也迎来了办学层次的升级。从中等教育迈向高等教育，其人才培养、科学研究和社会服务的三大功能得到了进一步彰显。这就要求幼儿师范院校在人才培养方面实现质的飞跃，从低学历层次向高学历、高素质的专业人才转型；在育人模式上，从单一的教学模式向教研并重的学科创新模式转变；在功能定位上，从单一的教育功能向服务地方经济与区域发展的综合功能拓展。

最后，在国家教师教育体系的整体构建下，幼儿师范院校正逐步实现从"中师单一培养层次"向"中师、高师、师院、师范大学"等多层次转型。通过构建包含中等幼儿师范学校、幼儿师范高等专科学校、高等师范本科院校学前教育专业的多层次教师培养体系，幼儿师范院校正逐步从封闭的职前教师培养体系，向涵盖职前、入职和在职教育的全周期、一体化教师教育体系演进。这一转变不仅凸显了幼儿师范院校在教师教育体系中的主体地位，也强化了与幼儿园的实践合作，形成了开放、协同、联动的幼儿教师教育新模式。

总的来说，幼儿师范院校在顺应学校内部发展规律与社会变革趋势的同时，正沿着从"封闭单一"向"体系融通"的治理道路不断前行。

三、幼儿师范学校的办学模式变革

作为培养幼儿教师的核心机构，幼儿师范学校在教师教育机制变革的背景之下，其办学模式也发生了巨大变化，如采取独立升格、挂靠高校举办大专班、与高等专科合并或与高师本科合并，从而形成了不同的办学模式[1]。

教师教育是教育事业的工作母机，是提升教育质量的动力源泉[2]。幼儿教师教育就是学前教育事业的工作母机，负有培育高素质学前教育教师队伍、服务高质量学前教育发展的重要使命。为满足人民日益增长的对高质量学前教育的迫切需求，《中共中央　国务院关于全面深化新时代教师队伍建设改革的意见》等政策明确提出"办好一批幼儿师范专科学校和若干所幼儿师范学院，支持师范院校设立并办好学前教育专业"[3]，《教育部关于"十四五"时期高等学校设置工作的意见》教提出支持少量办学历史悠久、质量优质、效益明显，区域特别是中西部地区发展急需的师范、医学、公安类高等专科学校升格为普通本科高校。

"办好一批幼儿师范专科学校和若干所幼儿师范学院，支持师范院校设立学前教育专业，培养热爱学前教育事业，以幼儿为本、才艺兼备、擅长保教的高水平幼儿园教师。"[4]向新时代幼儿师范学校提出前所未有的机遇与挑战。

---

1 教育部等五部门关于印发《教师教育振兴行动计划（2018—2022年）》的通知.[EB/OL].
　http://www.moe.gov.cn/srcsite/A10/s7034/201803/t20180323_331063.html.

2 中共中央 国务院关于全面深化新时代教师队伍建设改革的意见.[EB/OL].http://www.moe.
　gov.cn/jyb_xxgk/moe_1777/moe_1778/201801/t20180131_326144.html.

3 教育部关于"十四五"时期高等学校设置工作的意见.[EB/OL].http://www.moe.gov.cn/srcsite/
　A03/s181/201702/t20170217_296529.html.

4 国务院关于学前教育事业改革和发展情况的报告.[EB/OL].http://www.npc.gov.cn/npc/c2/
　c30834/201908/t20190822_300157.html

目前，全国共有幼儿师范高等专科学校51所，其中23所为"十三五"期间新设、改制学校。2021年1月28日，教育部官网公布了《对十三届全国人大三次会议第9846号建议的答复》。针对"关于加快推进幼儿师范高等专科学校建设的建议"，教育部在答复中表示，教育部将综合考虑全国高等学校结构布局等各方面因素，对幼儿师范专科学校发展予以政策支撑；并指导各地根据本地区幼儿师范发展需求，统筹考虑现有幼儿师范高等专科学校布局情况，对设置幼儿师范高等专科学校的必要性、可行性进行调研和论证，按程序支持各地将幼儿师范高等专科学校建设纳入"十四五"期间高校设置规划。至此，高等幼儿师专进入了飞速发展的快车道。

第三节　百年幼儿师专的文化寻根

一、百年幼儿师专的百年校史共通点

通过详细梳理全国50余所幼儿师范高等专科学校的百年校史、育人文化与办学理念，发现全国幼儿师范院校在办学历史上、育人文化与办学理念上存在着相似点。

（一）办学历史悠久

许多幼儿师范高等专科学校的前身可以追溯到20世纪初或更早的师范学校或师范传习所。这些学校最初的目的往往是培养中小学教师，但随着时间的推移，逐渐将关注点转向幼儿教育领域。在初创阶段，这些学校经历了多次更名和地址的变迁。例如，某校可能最初被称为"XX省立师范学校"，后因行政区划调整或政策变化更名为"XX市师范学校"，并最终发展成为幼儿师范高等专科学校。

随着教育体制的改革和学前教育事业的发展，许多学校经历了升格或改制的过程。这一过程中，学校可能从原来的中等师范学校升格为高等专科学校，或者与其他学校合并重组，形成更具规模和实力的教育机构。为了适应学前教育领域的发展需求，这些学校逐渐拓展和调整专业设置。从最初只培养中小学教师，到后来专门培养幼儿师资，再到拓展与学前教育相关的其他专业，如早期教育、学前教育管理等。

（二）经历转制改革

在探讨幼儿师范高等专科学校经历多次更名与合并的现象时，这不仅反映了中国教育体制的演变，也体现了这些学校为适应时代发展和教育需求所做的不懈努力。全国过幼儿师范学校的起源可以追溯到 20 世纪初或更早的时期，在当时的社会背景下，能够成立专门培养幼儿教师的学校，已经是教育领域的一大进步。这些学校的建立，为后来的学前教育事业发展奠定了坚实的基础。

随着时代的变迁和教育体制的改革，这些学校也不可避免地经历了多次更名和合并。这些变化往往是由于政策调整、行政区划变更或学校自身发展的需要。例如，重庆幼儿师范高等专科学校的前身可以追溯到 1914 年的四川省立第四师范学校，这所学校在历史的长河中经历了五易其名、四易其址的变迁。这种变迁不仅反映了学校自身的发展轨迹，也体现了中国教育体制从封闭到开放、从单一到多元的转变。

在更名和合并的过程中，这些学校需要面对许多挑战和困难。首先，更名和合并往往需要重新定位学校的办学方向和目标，以适应新的教育需求和市场需求。这需要学校领导层和教职员工具备前瞻性的眼光和决策能力。其次，更名和合并还涉及校园建设、师资队伍建设、教学资源整合等多个方面的问题。这需要学校投入大量的人力、物力和财力，以确保更名和合并的顺利进行。然而，正是这些挑战和困难，使得这些学校在更名和合并的过程中不断成长和壮大。通过重新定位办学方向和目标，这些学校能够更好地适应时代发展的需要；通过校园建设、师资队伍建设、教学资源整合等措施，这些学校能够不断提高教育教学质量和科研水平；通过与其他学校的合作与交流，这些学校能够拓宽视野、增强实力、提高竞争力。

（三）坚守师范教育本色

全国幼儿师范院校普遍将"以人为本"作为办学理念的核心。这一理念强调以学生为中心，关注学生的全面发展和个性需求。学校致力于培养具备高尚师德、专业知识、教育教学能力和创新精神的幼儿教师，以满足社会对高质量学前教育师资的需求。

注重师德养成，始终坚持"立德树人"的教育目标。学校不仅注重学生的专业知识学习，更关注学生的品德教育和人格塑造。通过课程设置、校园文化活动等多种途径，学校引导学生树立正确的世界观、人生观和价值观，培养他们成为具有社会责任感、职业道德和创新精神的优秀幼儿教师。

坚守师范教育本色，全国幼儿师范院校非常注重实践教学，强调学生专业能力的培养。学校通过校企合作、实训基地建设、教学实习等多种方式，为学生提供丰富的实践机会，帮助他们将理论知识转化为实践技能，提高教育教学能力。为了适应时代的发展和社会的需求，全国幼儿师范院校不断创新教育教学模式和方法。学校积极探索线上线下相结合的教学模式，引入现代教育技术，提高教学效果。同时，学校还注重培养学生的创新精神和实践能力，鼓励他们积极参与科研项目和实践活动，提升综合素质。

（四）适应时代需求不断拓展专业方向

全国幼儿师范院校在办学过程中，始终强调"服务社会"的办学宗旨。学校积极承担社会责任，为学前教育事业和地方经济社会发展贡献力量。通过社会服务、文化传承等活动，学校与地方政府、企事业单位等建立了良好的合作关系，为培养更多优秀的幼儿教师提供了有力支持。全国幼儿师范院校普遍关注国内外学前教育的发展趋势，及时调整办学理念，以适应社会对幼儿教师的新要求。

积极转变教育观念，从传统的知识传授转向更加注重学生的全面发展和综合素质的提升。为了满足社会对多样化人才的需求，这些学校不断拓展专业方向，增加新的专业设置，如早期教育、儿童心理发展、学前教育管理等。同时，学校还根据专业发展的需求，不断优化课程体系，增加实践课程和跨学科课程，提高学生的实践能力和综合素质。

全国幼儿师范院校在适应时代需求不断拓展专业方向的办学理念上展现出多个共通点。这些共通点不仅体现了学校对时代发展趋势的敏锐洞察和对社会需求的积极响应，也展示了学校在教育教学、师资队伍建设和社会服务等方面的积极探索和创新实践。这些努力有助于提升学校的办学实力和教育质量，为培养更多优秀的幼儿教师和社会人才做出积极贡献。

二、百年幼儿师专的校史文化精神谱系

（一）红色校史文化

幼儿师范院校的红色校史文化，体现了对学校历史传统的尊重和传承，对革命先烈的缅怀和敬仰，对新时代教育使命的坚守与担当，以及广泛的社会影响力。这一文化的构建和实施，不仅有助于培养更多优

秀的幼儿教师，也将为我国幼儿教育事业的发展注入新的活力和动力。不仅承载着学校深厚的历史底蕴，更体现了对红色基因的传承与弘扬，以及对新时代教育使命的坚守与担当。

红色校史文化体现了对幼儿师范院校历史传统的尊重和传承。这些院校往往具有悠久的办学历史和光荣的革命传统，如重庆幼儿师范高等专科学校被誉为"下川东革命摇篮"，其深厚的红色基因成为学校文化的重要组成部分。通过深入挖掘和整理这些历史资源，学校将红色文化融入教育教学之中，使学生在学习专业知识的同时，也能够接收到红色文化的熏陶，增强爱国主义情感和历史责任感。

红色校史文化强调了对革命先烈的缅怀和敬仰。许多幼儿师范院校都有与革命历史紧密相关的校史人物和事件，如广西幼儿师范高等专科学校的前身可以追溯到抗日战争时期的香山慈幼院桂林幼稚师范学校。这些校史人物和事件不仅丰富了学校的文化内涵，更为学生提供了宝贵的学习资源。通过讲述他们的英雄事迹和感人故事，学校引导学生铭记历史、珍惜和平，树立正确的历史观和价值观。

红色校史文化体现了对新时代教育使命的坚守与担当。作为培养幼儿教师的摇篮，幼儿师范院校肩负着培养新时代合格接班人的重要使命。在红色校史文化的熏陶下，学校更加注重培养学生的师德修养和综合素质，引导他们树立正确的职业观念和道德观念。同时，学校还积极探索新的教育模式和方法，如将红色文化与艺术、科技等领域相结合，创新红色校史文化的表现形式和传播渠道，为学生提供更加丰富多彩的学习体验。

红色校史文化还具有广泛的社会影响力。通过举办红色文化主题的艺术展览、演出等活动，学校将红色校史文化推向社会，让更多的人了解和感受红色文化的魅力。这不仅有助于增强社会对红色文化的认同感和自豪感，还能够为社会的和谐稳定和发展进步提供精神动力和文化支撑。

（二）红色艺术文化

幼儿师范院校的红色艺术文化，是以革命历史为根基，以艺术化为手段，通过教育和传承红色文化，培养学生的爱国主义情感、革命精神和社会责任感，同时也体现了对红色基因的传承和创新。这种文化形态不仅具有深厚的教育意义和社会价值，而且还能够为学校的内涵式发展和品牌建设提供有力的支撑。作为一种独特的教育文化现象，不仅是对革命历史的回顾和传承，更是对红色基因的艺术化表达和时代化创新。

幼儿师范院校的红色艺术文化深深植根于我国革命、建设和改革的历史土壤中。这一文化形态以革命先烈的英勇事迹、革命历史的感人故事为内容，通过艺术化的手法进行展现和传播。例如，学校可以通过绘画、雕塑、音乐、舞蹈等多种艺术形式，将革命先烈的英雄形象、革命场景的壮观景象等生动形象地呈现给学生，让学生在欣赏艺术的同时，深入了解革命历史，感受红色文化的独特魅力。

红色艺术文化在幼儿师范院校中具有深厚的教育意义。通过红色艺术文化的教育，学校旨在培养学生的爱国主义情感、革命精神和社会责任感。这种教育不仅仅是对学生的道德品质和情操的塑造，更是对学生全面素质的提升。在红色艺术文化的熏陶下，学生将更加热爱祖国、热爱人民，树立正确的世界观、人生观和价值观。

幼儿师范院校的红色艺术文化还体现了对红色基因的传承和创新。学校通过挖掘和整理革命历史中的红色资源，将其转化为艺术化的教育内容，让学生在接受红色教育的同时，也能够感受到红色文化的时代价值。同时，学校还积极探索红色艺术文化的创新方式，如将红色文化与现代科技相结合，开发红色文化主题的游戏、APP 等，让红色文化以更加生动、有趣的形式走进学生的生活。

幼儿师范院校的红色艺术文化还具有广泛的社会影响力。学校通过举办红色文化主题的艺术展览、演出等活动，将红色艺术文化推向社会，让更多的人了解和感受红色文化的魅力。这不仅有助于增强社会对红色文化的认同感和自豪感，还能够为社会的和谐稳定和发展进步提供精神动力和文化支撑。

（三）红色师范文化

幼儿师范院校的红色师范文化精神谱系，涵盖了红色基因的传承、师德教育和人文关怀、实践教学与校企合作，以及对幼儿教育事业的崇高追求等多个方面。是对我国革命历史、红色基因及教育理念的融合与传承。这一谱系不仅体现了对幼儿教育事业的崇高追求，也彰显了培养新时代幼儿教师的责任感和使命感。

红色师范文化精神谱系的核心在于传承红色基因。作为培养幼儿教师的摇篮，幼儿师范院校深入挖掘革命历史中的红色资源，通过课堂教学、实践活动等多种形式，让学生深入了解革命先烈的英勇事迹和革命精神，从而培养他们的爱国主义情感和革命精神。这种红色基因的传承，不仅是对历史的回顾，更是对新时代幼儿教师的精神引领。

红色师范文化精神谱系注重师德教育和人文关怀。师德是教师的灵魂，也是红色师范文化精神谱系的重要组成部分。幼儿师范院校注重培养学生的师德修养，通过举办师德讲座、开展师德教育实践活动等方式，引导学生树立正确的职业观念和道德观念。同时，学校还注重人文关怀，关注学生的全面发展和个性需求，提供多样化的教育资源和服务，为学生营造温馨、和谐的学习和生活环境。

红色师范文化精神谱系强调实践教学与校企合作。实践教学是幼儿师范教育的重要环节，也是红色师范文化精神谱系的具体体现。学校通过与企业合作、建立实训基地等方式，为学生提供丰富的实践机会，帮助他们将理论知识转化为实践技能。同时，校企合作也为学校带来了更多的教育资源和发展机会，推动了学校的教育教学改革和人才培养质量提升。

红色师范文化精神谱系体现了对幼儿教育事业的崇高追求。幼儿师范院校以培养具有高尚师德、专业知识和教育教学能力的幼儿教师为己任，致力于为我国幼儿教育事业的发展贡献力量。这种追求不仅体现在学校的办学理念和教育教学中，也体现在学生的职业选择和成长发展中。

三、百年幼儿师范院校校史摘编（节选）

（一）广西幼儿师范高等专科学校 [1]

广西幼儿师范高等专科学校办学历史悠久。学校前身是 1938 年我国著名幼儿教育家张雪门创办的北平香山慈幼院桂林分院广西幼稚师范学校，开创了广西全日制幼儿师范教育的先河。此后，学校几度迁址，数易校名，2009 年升格为广西幼儿师范高等专科学校。

1938 年，抗日战争的战火燃到北平，时任北平香山慈幼院附属幼稚师范学校校长的张雪门，将学校从北京往南迁到长沙，又迁到桂林。1938 年 2 月，香山慈幼院桂林幼稚师范学校在桂林东华门大街成立，

---

1 参考广西幼儿师范高等专科学校官网 - 历史沿革 https://www.gxyesf.edu.cn/

招生 2 个班。这是广西第一所幼儿师范学校，可视为广西幼儿师范高等专科学校的前身。此后几年，由于日寇进逼，幼稚师范曾疏散至广西三江县，又迁回桂林，再迁到柳州。从 1938 年 2 月创立到 1942 年，桂林幼稚师范先后招收了幼稚师范生 6 个班，共培养学生 100 余名，他们回到各自所在的县后都创办了幼儿园，当时广西全省 99 个县 1 个市，均有该校的毕业生从事幼教工作，为广西的现代幼儿教育奠定了坚实的基础。抗战胜利后，广西省政府利用在战火中幸存的柳州香山慈小校址举办幼稚师范班，继续招收幼稚师范学生。新中国成立后，1951 年 8 月，柳州市根据广西省人民政府文化教育厅关于"建国后教育工作中有关培养幼儿师资"的指示，在柳州市鱼峰路的北京香山慈小内举办幼稚师范班。1954 年，根据广西省教育厅指示，柳州市香山慈小幼稚师范班奉命南迁，成立南宁师范学校幼师部。

1956、1957 年，广西省教育厅遵照教育部关于"师范学校要适当发展"的指示，在南宁市郊长岗岭筹建幼儿师范学校。随后，南宁师范幼师部奉命迁入，正式挂牌为"南宁市幼儿师范学校"，一股崭新的力量开始登上广西教育的舞台。

1966 年"文化大革命"爆发。1969 年 9 月，南宁市幼儿师范学校奉命停办，校舍拨给南宁市改为第十九中学，刚刚起航不久的广西幼儿师范教育之船随着历史的不幸而搁浅了。1974 年 9 月，当时的广西壮族自治区教育局开始组建广西幼儿师范学校筹备办公室。新学校地址就是学校今天的所在地。1977 年建成并恢复招生。学校 1974 年重建以来，直属于广西壮族自治区教育厅领导，是广西唯一一所完整建制的幼儿师范学校。设在校内的广西幼儿教师培训中心与学校合署办学，实行"两块牌子，一套班子"的管理体制。学校成为幼儿教育师资职前培养和职后培训一体化的学校。

1984 年联合国儿童基金会官员阿赫默德·苏曼、袁艄夫、卡尔·泰勒等到学校视察。此后，学校充分发挥广西幼儿教师培训中心的指导和辐射作用，加大继续教育和培训工作的力度，成为广西幼儿教育的领头羊。2000 年以来，学校的办学规模不断扩大，从招收三年制中专生到招收 3+2 五年制大专生，从幼儿教育一个专业增加到七个专业，形成了以幼儿教育为品牌，以艺术专业为亮点的办学特色。学校遵循以学生为主体、以能力为本位、以就业为导向，坚持德育为首，注重学生综合素质和实践能力的提高，努力打造"合格＋特长""一专多能"的应用型人才，形成了"合格＋特长"的学前教育人才培养模式，深受用人单位欢迎。毕业生遍及广西、广东，辐射全国以及东南亚和欧洲等地，供不应求。2008 年在校生人数达到了 2 200 多人。

（二）盐城幼儿师范高等专科学校 [1]

盐城幼儿、师专肇端于 1920 年的盐阜地区阜宁县甲种师范讲习所，在抗日烽火的洗礼中淬炼、成长。1941 年，在刘少奇、陈毅等革命前辈的倡导和关怀下，学校的前身——盐阜区联立中学师范部和鲁迅艺术学院华中分院分别成立，刘少奇同志亲兼华中鲁艺院长。学校弘扬"铁军精神"，传承革命薪火，发展师范教育，培育后学新人，一时群贤毕至，英才辈出。学校文化积淀丰赡，以"守红色鲁艺初心，担立德树人使命"为引领，大力塑造具有幼专特色的精神文化标识，实施薪火传承"五个一"行动，形成了鲁艺文化、师范文化、和合文化、臻美文化"四大文化"。师生创演的大型民族音乐剧《华中鲁艺记》先后获江苏艺术基金、中国

---

1 参考盐城幼儿师范高等专科学校官网 - 历史沿革 https://www.yyz.edu.cn/main.htm.

文联青年文创扶持基金项目，荣获江苏省紫金文化艺术节大学生"戏梦风华"戏剧展演活动一等奖，入选"江苏省庆祝建党100周年舞台艺术精品创作工程"剧目。

（三）湖南幼儿师范高等专科学校[1]

湖南幼儿师范高等专科学校是2013年经省人民政府批准、教育部备案的全日制公办普通高等学校。学校由原常德师范学校和桃源师范学校合并升格而成，原桃源师范学校由著名民主革命家宋教仁于1912年倡导创立，原常德师范学校始创于1947年。1912年，湖南省府创办女子师范，校址定于常德或沅陵，湘西五府争执不下，恰逢民主革命家、国民党代理事长宋教仁先生回乡省亲，宋公折中众议定址桃源，始称湖南省公立第二女子师范学校。学校首次开学典礼，宋公亲临致辞。1947年，由常德贤达集资兴办的常德师范招生开班，时名常德县立简易师范。1953年，二校分别更名为桃源师范学校与常德师范学校。2013年，两师合并组建新的常德师范学校。

（四）泉州幼儿师范高等专科学校

1890年，培英女子学校诞生，开创了泉州女学之先河。1952年，学校更名为福建省泉州女子师范学校。1955年，学校更名为福建省泉州幼儿师范学校。2005年，学校转型升格为泉州儿童发展职业学院。2011年，学校经教育部批准更名为泉州幼儿师范高等专科学校。2011年11月24日，学校举行揭牌暨东海校区落成仪式。2014年8月，福建省永春师范学校成建制并入；9月，附属东海湾实验幼儿园建成投入使用。从泉州西街古巷到东海湾畔，跨越了三个世纪的日月星河，积淀

---

1 参考湖南幼儿师范高等专科学校官网 - 历史沿革 https://www.yyz.edu.cn/main.htm.

着悠久的文化底蕴，焕发出勃勃生机。

（五）阜阳幼儿师范高等专科学校

阜阳幼儿师范高等专科学校前身肇始于 1907 年的阜阳师范传习所，1914 年更名为安徽省立第三师范学校，1934 年重组为安徽省立颍州师范学校，1950 年学校组建为阜阳师范学校，2015 年 2 月成功实现办学层次升格，并正式更名为阜阳幼儿师范高等专科学校。这里是阜阳师范教育的发祥地、皖北基础教育的摇篮，百年来，一代代幼专人秉承"教育报国"之志，扎根皖北大地，笃志立德树人，为国家培养了 10 余万教师和各类人才。

第八章　追寻百年校史足迹

　　万县市地处四川盆地东部，濒临长江三峡。在长江的怀抱中，万州如同一颗璀璨的明珠，镶嵌在四川盆地的东部边缘。这里不仅是三峡的门户，更是文化的沃土。自古以来，万州区便是川东、陕南和湘鄂西的物资集散地，是四川的东大门，是政治、经济、文化的中心。在这片土地上，教育的种子早已生根发芽，文化的根脉深植人心。自公元522年筑城设治，名为"鱼泉县"，万州区便开始了它的历史征程。唐宋时期，学院兴起，明清时期，义学创办，教育的火种在这里点燃。从明代中叶到光绪年间，万州区已设置书院16所，成为知识的殿堂、智慧的摇篮。清末废科举、办新学，光绪三十年，万县始办小学堂，光绪三十二年始办中学堂，到光绪三十三年，全县已设高初两等小学堂60所，中学堂1所，教育的体系在这里逐渐完善。

　　有一所百年老校便坐落于万州这个人杰地灵的地方。

　　重庆幼儿师范高等专科学校，其源流可追溯至1914年创立的四川省立第四师范学校。学校于1935年易名为四川省立万县师范学校，后又历经数次更名，至2003年，融合了拥有近百年历史的重庆市万州师范学校与下川东地区中等幼儿师范教育历史最悠久的重庆市万州幼儿师范学校，组建为重庆市三峡师范学校。2006年，学校与重庆万州商贸中专学校联合办学，凭借其深厚的师范文化积淀和鲜明的幼儿教育特色，声名远播至川渝鄂地区。2012年，学校荣升为重庆幼儿师范高等专科学校，历经百年风雨，数度分合，曲折发展，薪火相传，成就斐然。学校倡导"读书救国"，高擎文明火炬。其前身由留日学者钟稚琚先生创办于万县文昌宫，后迁至亢家湾。无数志士在此怀抱真理，追求科学与民主，投身革命洪流，激情燃烧岁月。学校秉承章炳麟先生题写的校训："无冥冥之志者，无昭昭之功；骐骥一跃，不能十步；驽马十驾，功在不舍。"延续百年学脉，勃兴不息。学校以"学高为师，身正为范"为宗旨，以"弘道修德，尚知尊教，与时俱进"为校魂，致力于教书育人，全面发展，培育社会英才四万五千之众。建校之初，正值辛亥风云，沧桑巨变。作为下川东之最高学府，革命先辈萧楚女、恽代英、朱德、刘伯承、何其芳等曾来此撒播火种，点燃革命星火，燎原四方，熔炼出铁血英才。刘伯坚被毛泽东誉为"红军干才"，开国上将陈伯钧、巴山游击队司令赵明恩、川东游击纵队政委彭咏梧，以及吴毅、何超腾、蓝蒂裕等一大批革命志士，在"五四"新文化运动、民族抗日救亡和解放战争中浴血奋战，其英雄事迹铸就碧血丰碑，为中国革命事业立下不朽功勋。学校素有"下川东革命摇篮"之美誉，铭刻历史。新中国成立之后，学校生机勃发，遵循党的教育方针，弘扬师范文化，注重传统教育，狠抓素质培养，躬身践行，智慧结果，为中小学、幼儿园及其他行业培养数以万计的合格人才。他们绝大多数扎根山村，爱岗敬业，无私奉献，宛然红烛。

百年来，毕业学生中涌现出甘祠森、王怀安、罗义淮、徐尧琴、张永枚、贺芳、陈宗菊、傅开国等优秀学子，有不少成为党政军领导、作家、企业家、教授、学者及优秀教育工作者，成为社会建设之中流砥柱，绘就祖国华美大厦。三峡锦绣育英杰，文化芳馨立潮头。抚触校史，描绘蓝图，重庆幼儿师范高等专科学校将继续以其深厚的文化底蕴和教育传统，培养更多优秀人才，为国家的繁荣和民族的复兴贡献力量。

第一节 读书救国：四川省立第四师范学校时期
（1914—1935年）

一、学校概况

20世纪之初，中国正经历着前所未有的变革，新思想、新文化的浪潮席卷着古老的土地，省四师便是在这样的历史背景下应运而生。1914年，钟稚琚先生受四川巡抚史公署委派，怀着读书救国的思想，在万县文昌宫创办了省立第四师范学校，这是四川最早的四所省立师范学校之一。钟稚琚先生早年留学日本东京高等师范学校，深受章太炎先生的影响，这段经历为他日后创办省四师奠定了坚实的基础。它是当时四川仅有的四所师范学校之一，是下川东的最高学府。

1918年由文昌宫迁至离城十余里的亢家湾。时任孙中山大元帅府秘书长章太炎视察川鄂政务，专程来校考察时书写了"树之表旗"匾额，题写校训"无冥冥之志者，无昭昭之功。骐骥一跃，不能十步；驽马十驾，功在不舍"校训碑至今矗立校园。

二、播撒革命火种

在省四师的发展历程中，1923年是一个具有里程碑意义的年份。这一年，共产党员萧楚女应校长刘明扬之聘，来到省四师任教，他的到来为学校注入了革命的新鲜血液。萧楚女先生在省四师传播革命思想，自编讲义，反对八股，将鲁迅的小说《狂人日记》作为教材，引导学生认识封建统治和礼教的弊端。在省四师的校园里，革命的火种迅速蔓延。1923年，萧楚女先生组织学生成立了读书会，推荐他们学习李大钊、郭沫若等人的作品，引导他们学习革命道理。同年夏天，吴毅、吴心俊（吴逸僧）、朱亚凡（朱泽淮）、郑叔伦等人在萧楚女的介绍下秘密加入中国社会主义青年团，下川东地区的革命火种就此点燃。

此时的省四师不仅是革命思想的传播地，也是革命组织的孕育地。1926 年，朱德受中共中央派遣抵达万县，做军阀杨森易帜北伐的工作。1926 年，重庆莲花池国民党（左派）省党部派监察委员李嘉仲以川东党务特派员身份接任省四师校长职务。他是省四师第一个共产党员校长，在任期间增设政治训练班，请朱德到学校为训练班学员讲课。他负责下川东地区党团组织的发展工作。1926 年，他发展学生吕在和、任天衢、李允、李同等 10 多人参加了共青团并组成支部。12 月，由李嘉仲、牟炼先、雷德沛等人发起成立了共青团万县县委，雷德沛任书记，这是下川东建立的第一个共产党组织。

三、办学规模

省四师初办时只有五年制师范一个班，招收小学毕业生 50 名。课程设置按 1913 年中华民国政府教育部的《师范学校课程标准》规定，师范开设修身、教育、国文、习字、英语、历史、地理、数学、博物、物理、化学、法制经济、图画、手工、农业或商业、乐歌、体操等课程。女子师范学校不设农业和商业，增加家事、园艺、缝纫。省四师的课程设置按部颁《标准》执行。

1925 年秋，省四师改行新制，分前期师范（相当于初师）和后期师范（相当于中师），均修业三年。后期师范又分为文史、数理、体艺三组。1929 年秋，停招前期师范，改设初中部。1931 年改后期师范为高中师范科，不分组。1933 年增设乡村师范（相当于初级师范），并增办高中普通科。

　　由于第四师范是省立学校，所以初创时期的办学经费充足，教育经费十分可观，教师队伍的质量以目前的标准来看也非常高。学校有条件聘请高水平的教师，以保证教学质量。据《省立第四师范民国十八年秋教员名册》记载，当时学校有教职工45人（不包括校长、工人、役夫），其中师范部教师29人，附属小学教师7人。师范部教师大专毕业的8人，大学本科毕业的18人。附属小学的教师都是师范毕业生，其中5人毕业于本校。这一时期，师范部的许多教师毕业于全国名牌大学，如毕业于北京大学的刘明扬（国文系）、李曼成（国文系）、秦斌（国文系），毕业于北京师范大学的李嘉仲（教育研究所）、何超腾（体育系）等。此外还有留学回国的，如首任校长钟正懋曾留学日本，数学教员孔羽丰毕业于日本工业大学，博物教员丁榕皋毕业于日本早稻田大学，法语教员池伟棠毕业于法国里昂大学。附属小学的教师都是师范毕业生，其中5人毕业于本校。第四师范学校的学制多次变化，直到1935年改名省立万县师范学校以后才稳定下来。建校初期办五年制师范，招收小学毕业生，达到中等专业程度。

　　省四师的设立，最初是为了响应新文化运动的号召，培养新时代的教师和革命人才。省四师是革命火种的散播地，也是万县第一个党组织的孕育地，被誉为"下川东革命摇篮"。在四川地区的教育发展和革命运动中起到了举足轻重的作用。它不仅是知识的殿堂，更是革命的熔炉，为中国的革命事业和教育进步做出了不可磨灭的贡献，也为学校后来的百年发展染上了红色革命的浓重色彩。

第二节　教育图存：四川省立万县师范学校时期
（1935—1950 年）

一、学校概况

省立第四师范学校在 1935 年秋更名为四川省立万县师范学校，简称省万师，直到 1950 年初，办学规模逐渐扩大。1937 年四川省中等学校仅有 267 所，到 1945 年增至 671 所，在校学生数量也显著增加。省四师作为其中的重要一员，培养了大量的教育人才。这一时期的省万师，不仅是教育的殿堂，更是革命的熔炉，为中国革命事业和教育进步做出了不可磨灭的贡献。学校培养的学生中，有的成为著名诗人、学者、特级小学教师、战斗英雄等，而绝大多数是从事山区小学教育工作的辛勤园丁，为下川东的小学教育事业做出了贡献。

二、踏上革命道路

抗日战争时期，党在万县师范建立了组织，彭咏梧于 1938 年在省万师加入中国共产党，并担任学校特支书记。他领导学校党员和同学开展了多项革命活动，并为保护学生正当利益进行抗争。彭咏梧曾任该校党总支书记，并建立了"抗日救国会""抗日民族解放先锋队"，领导师生投入抗日战争，展现了学校师生对抗日救国的热忱和决心。1940年春末，彭咏梧在组织地下党员、民先队员、进步青年开展抵制集体参加"三青团"的斗争中暴露身份，被迫离开省万师，踏上职业革命者的艰险征途。省万师的师生革命活动为他后来在川东地区领导武装斗争打下了坚实的基础。这些革命活动不仅推动了四川地区的革命运动，也为全国的抗日救国运动做出了贡献。在这一历史时期，省万师继续发扬革命精神，加强专业思想教育，坚持面向农村山区的办学方向。

三、办学规模

1935年教育部《修正师范学校规程》规定：师范学校开设公民、体育、军事训练（女生习军事看护）、卫生、国文、算学、地理、历史、生物、化学、物理、逻辑学、劳作、美术、音乐、教育概论、教育心理、小学教材及教学法、小学行政、教育测验及统计、实习军课。师范科教学总时数比普通中学酌量减少。1942年7月，教育部对师范部学校的教学科目及每周教学时数作了修改，分必修课和选修课。

1942年，省万师依据教育部的相关规定，制订《教务志要》提出：注重国文，教材限用文言文，并规定为《古文观止》，每周作文一次，由教务处出题并收卷。每晨读国文并背国文。注重专业训练，加授教育史，三年级起，分别研究国民教育问题。注重四工科，增加美术、音乐教学时数，设美术、音乐选科。1947年11月，四川省政府训令：本省省立各级师范学校必须于国文课程内教授学生拼音符号，毕业时应考试该项课程！省万师遵照此训令执行。

在学制方面和课程设置上也有所调整，1942年2月将省万师的附属高中部划出独立为省立万县中学，此后只办中级师范。抗日战争爆发后，学校的班次多了起来，但办学规模一直不大。据1942年编写的《同学录·序言》载：我们学校自建立到现在，已整整二十八年，毕业同学717人。按这个数字计算，平均每年毕业学生不足26人。另据省四师1934年的一份报表所列历年毕业生数字，从1919年算起，到1934年，共16年，毕业14届，学生549人。平均每年34人。1949年发展到顶峰，也只有11个班，在校学生421人。

第三节　薪火相传：两校并肩发展时期

（1950—2003 年）

中华人民共和国成立后，国家高度重视师范教育，出台了一系列政策，鼓励和支持师范学校的建设和发展。在这长达半个世纪的历史时期，万县师范学校和万县幼儿师范学校得到大力支持，携手为下川东的师范教育事业奉献重要力量，也为下一阶段两所学校的重组奠定了扎实的师范教育基础。

一、四川省万县师范学校发展（1950—2003 年）

（一）川东区万县市师范学校时期（1950—1976 年）

新中国成立后，1950 年 2 月 16 日将原县立万县师范学校并入原省立万县师范学校，更名为川东区万县市师范学校，一直由万县地区行政公署文教科管理，是万县地区的重点师范学校，学校面向全地区招生，毕业分配面向全省。1956 年，学校划归万县市管理，直到 1976 年底。

1950 年 3 月，川东行署教育厅下发了《1950 年教育工作草案》，规定：师范以办后期为主，即招收初中生授以三年师范课程后分配工作，称为中级师范。经此，学校共有 12 个班，学生 360 人。1951 年，学校始招初级师范，即招收高小毕业生入学读师范（1953 年停招初师班）。初师生毕业后，部分直升中师，部分分配作小学教师。当时还办有一个速成师范班。1954 年，学校办了一个轮训班，在春季招收小学教师 55 名，培训班学员在护城乡胡家村上课。次年，万县市女子中学和私立新民中学等学校有少数学生自愿要求当教师，中途转学到学校学习。由于参军、提前参加工作等原因，两校合并后，只有学生 278 人。以后，大体上保持 12 个班，最多时达到 17 个班，在校学生最多时达到 788 人。此外，还办有附属小学一所。

1950 年 6 月，抗美援朝爆发。学校师生怀着高昂激情参加了反美示威游行和抗美援朝捐献活动，积极响应党的抗美援朝、保家卫国的号召，踊跃参加中国人民志愿军。据校史记载，1951 年，568 学生参加志愿军，走上了抗美援朝、保家卫国的战场，有 39 人进入各种军事干部学校。

1951 年，西南军政委员会颁发《西南区中等师范教学暂行实施办法》，规定师范学校课程设政治、国文、数学、中外历史、中外地理、博物、化学、物理、教育概论、儿童心理、小学行政、文教政策法令、教材及教法、生理卫生、音乐、体育、美工、教学实习、习字，学制三年。

根据 1952 年做的清理统计，学校当时校产中图书 10 313 册，实验仪器共 1 476 件。学校占地 34 349.6 ㎡，能够容纳 600 至 800 名学生学习和生活。

1952 年徐尧琴校长提出"团结、勤奋、求实、创新"办学方针。重视政治思想教育，励精图治，勤俭办学，以身作则，培养良好校风、教风、学风，学校被确定为四川省四所重点师范学校之一。新生入学，必用学校的光荣革命历史和传统进行教育，如介绍萧楚女、恽代英等革命先辈在校的革命活动，"讲课农亭""六角亭"是革命活动的中心点，请老校友讲万县"九五"惨案的斗争历史等，培养广大学生爱国爱校的激情和刻苦学习奋发向上的拼搏精神。

1953 年 12 月，共青团万县市委通报了《万师教工团小组是怎样团结教师在教学工作中发挥积极作用的》。学校学生大部分来自农村，生活俭朴，学习勤奋，严格要求自己，积极争取进步，有 165 名同学加入共青团。学校党团组织经常对学生开展忆苦思甜活动，教育鼓励学习成绩低差者和认为读师范教小学名小钱少专业思想不牢固的学生。由于学校掌握学生的家庭出身、政治关系、历史情况等，并采取了相应的教育措施，保证了小学教师培养的政治质量。

1958年党中央提出"勤俭办学"口号，学校规定师生必备三大件（锄头、扁担、箩筐），必做三件事（挑米、挑煤、挑菜），各班建立劳动委员会，全校成立28个劳动小组。其先进事迹被《教师报》《四川日报》等媒体专题报道，学校多次被地区评为先进单位。

（二）四川省万县师范学校时期（1976—1993年）

1976年，万县师范学校由万县市划为万县管属。1977年2月，学校正式由万县市移交万县，改称四川省万县师范学校。4月，万县宣传部和文教局批文，新成立了中共万县师范学校支部委员会，由包明保、魏太蓉、曾宪明、汤世钧、丁秀权五人组成，汤世钧由于多种原因未到任，包明保、魏太蓉分别任正、副书记，曾宪明任团委书记，舒劳辉、王建军为团委副书记。原万师教职工除王正兴一人留校外，其余全调万县市，四川省万县师范学校教职工从万县各中学抽调补充。

1979年，学校校舍遭遇暴雨侵占毁坏，为保障正常教学，学校将新入学的79级5个班学生220人迁往离校12里的沙河子长新桥上课，成立万师分部。同时为保存六角亭、校训碑这些文物古迹，学校不作搬迁，仍在原址建设。1980年7月，万县教育局和财政局拨款10万元在原址对学校校舍进行修缮。1982年，学校第一幢砖混结构教学大楼投入使用。接着教师有了一栋有套间的宿舍楼，男、女生宿舍也相继建成，学校规模不断扩大。1986年又建成一栋有12间教室的教学楼和一栋教师宿舍。1990年又投资45万元建成一栋综合楼。1980年到1990年，地、县拨修建款 130 余万元，部分旧校舍逐步改换新建了。

1977 年，全国恢复升学考试制度，四川省万县师范学校招收了四个普师班，其中两个班是招的高中毕业生，两个班是工农兵学员。同年 9 月，四川省下发《中师培训初中教师教学计划》明确指出，师范教育是基础教育的基础。根据四川省 1980 年前要普及初中教育的任务，中师必须承担培养初中教师的工作，招收具有高中文化程度的学生（社来社去），实行文、理分科，学制 2 年。同时为巩固普及小学五年制教育成果，师范还要承担部分小学教师的培养。因此，从 1980 年开始的几年时间里，四川省万县师范学校承担起了主要为初中培养师资的任务，直到 1984 年，每届都招有高中毕业生入校学习，分为文史、数理、数化、外语四个专业班，每届也招有初中毕业生入学的普师班。自 1985 年起，全部招收初中毕业生入学，不再招收高中毕业生。1983 和 1984 年的高中毕业生招有万县市、开县的学生，外语专业班基本面向全地区招生。1982 年，学校招收了第一届民师班，主要招收万县、万县市、开县的民办教师。这年万师开始使用全国统一的正规教材。1983 年万师改学生入学为"级"，改学生毕业为"届"。

学校特别重视学生的专业思想教育，把专业思想教育寓于各科教学中，教师言传身教为学生做榜样。校领导有意识地组织学生深夜观察教师的工作，感知教师工作辛苦、责任重大，培养学生既尊师重教、又乐于从教。万师历届毕业生 95% 以上分配到边远农村小学执教。1979 年到 1983 年间，共有 23 名学生自愿申请去西藏、本省的三州等地工作，他们离校时，高唱《万师毕业歌》："飞奔在广阔的大道上，我们的青春闪着光芒，满怀信心愉快前进，到祖国最需要的地方。"以实际行动响应学校党支部提出的哪里需要哪里去，哪时需要哪时走的号召。

（三）万县市师范学校时期（1993—2003年）

1992年万县地区进行了行政区划调整，撤地设市，原万县市、万县分设天城、龙宝、五桥三区。原万县地区教育委员会更名为万县市教育委员会（简称市教委），同时，市教委将包括万一中、万二中、万三中、万中、万师、幼师、鸡公岭小学、电报路实验小学、初二中、工读学校、万师附小等在内的11所学校纳入直属管理。1993年3月29日，万县师范学校正式由万县移交至万县市教委，开启了学校发展的新篇章。

当时的万县师范学校，占地68亩，拥有校舍建筑总面积13 458平方米，虽然电教仪器价值仅3万多元，但藏书却达到了2万余册，为师生提供了丰富的知识资源。教职工队伍共有116人，其中高级教师7人，讲师11人，专任教师66人。他们在各自的岗位上默默奉献，为培养优秀的师范人才付出了辛勤的汗水。学校下设三处一室，包括办公室、教务处、政教处和总务处，各部门职责明确，协同工作，确保学校各项工作的顺利进行。在招生方面，学校也取得了显著的成果。1993年秋，学校招收了普师4个班共146人，其中委培生约占25%，民师班和美术、工艺美术班也分别招收了相应的学生。到了1994年秋，学校继续扩大招生规模，普师班招收了160人，其中委培生比例高达54%，体现了学校办学实力和社会认可度的提升。

二、四川省万县幼儿师范学校的创立与发展（1960—2003年）

为适应社会建设和教育发展的需要，1960年6月，万县幼儿师范学校正式成立。建校初期，条件简陋，推行开门办学，以干代学，教师自编教材，培养大量农村及工厂幼儿教师。校址最初设在万县市第五初级中学（原协同中学）内，隶属万县专区文教局。1961年3月，专署行文，将学校迁至现在的校址——文化里1号原万县市第六初级中学（早

期的豫章中学旧址，1926 年 11 月，朱德同志曾在此创办国民革命军第
20 军军事政治学校）。1969 年学校下放万县市文教科主管，改建为万
县市第二初级中学。1974 年恢复万县幼儿师范学校名称，仍旧由万县
专区文教局主管。

毕业于重庆重华学院法律系的许光辉任首任校长，1981 年他倡导
并建立万县地区幼儿教育研究会，为川东幼教事业的发展做出了重大贡
献。根据四川省教育厅制发的《四川省幼儿师范学校暂行教学计划》，
学校课程设置有政治、语文、幼儿认识环境及语文教学法、代数、立体
几何、平面三角、物理、化学、生物、历史、地理、幼儿卫生学、幼儿
心理学、幼儿教育学、平日见习、体育及幼儿园体育教学法、音乐及幼
儿园音乐教学法、美工及幼儿园美工教学法、农业生产知识、教育实习。

万县幼儿师范学校建校之初，招有中级幼儿师范三个班，初级幼
儿师范两个班，并将原附设在万县师范学校的一个中级幼儿师范班转
入，共计 6 个班，学生 290 余人。从建校至 1966 年，共招收六届 8 个班，
毕业学生 335 人。

1974 年至 1985 年底，除以开门办学形式让工农兵学员深入县、区、
乡，培训幼儿教师数百名外，共招收 20 个统招班（计划招生），18 个
短期培训班、1 个三年制职业班，总计招收 39 个班，毕业学生 1468
人。1986 年始招成人中专班，学生 46 人，统招班 2 个，学生 80 人。
1988 年始招委培生班 40 人。1989 年 8 月，首次开函授班，学生 35 人。
1992 年有 12 个班，在校生 610 人，当年毕业 134 人，招新生 206 人。
1966 年以前，全校有教职工 34 人。其中专任教师 20 人。在 34 名教职
工中，具有大学本科学历的 10 人，具有专科学历的 9 人，具有中专或
高中学历的 4 人。1974 年复办幼儿师范至 1985 年底，教职工增加到

75人。其中教师39人。教师中具有大学本科学历的20人,具有专科学历的8人,其余为中专或高中学历。至1992年末,教职工已增至87人。其中高级讲师9人,中学高级教师1人;讲师17人,中学一级教师2人,小学高级教师4人,会计师,主治医师、馆员各1人。

学校占地16 000平方米。1978年至1987年,由省、地两级政府和教育主管部门多次拨款,对原豫章中学旧校舍进行彻底改造,先后建起教学楼、办公室,练琴室、学生宿舍,教职工宿舍、礼堂,以及体操、舞蹈、美术、现代生物专用教学楼等共计建筑面积5 000平方米。1988年又建成音乐教学楼(有练琴室54间)。1989年建成五层教学大楼,建筑面积3 239平方米。有教室14间。还分别于1986年和1992年建成两幢教职工宿舍楼。至1992年底,校舍总面积已达11 000平方米以上,均为砖混结构房屋。教学设备也逐年增加,有台式风琴55部,手风琴20部,钢琴2部,电子琴1部、电视机8台,录放机2台,收录机10台。理化生物教学实验仪器齐全。图书室藏书3万余册,阅览报纸刊物上百种。资料室所存资料丰富。

学校于1961年秋创办了附属幼儿园。到1985年底,附属幼儿园配有正副园长各1人,教师10人,都是本校毕业生,另外有保育员2人,临时工3人。幼儿班4个,幼儿180多人,附属幼儿园教具玩具齐全,教育质量在全地区名列前茅。1981年11月,附属幼儿园被评为全省托幼工作先进集体。1991年被省教委定为全省示范性幼儿园。

经过多年发展,万县幼儿师范学校形成"姓师、向农、为幼"办学思想,成为在川、渝两地幼教领域具有龙头地位的幼儿师范学校。

第四节　春风化雨：重庆市三峡师范学校时期
（2003—2012 年）

2003 年 5 月，随着国家师范教育体制的重大改革，重庆万州师范学校与重庆万州幼儿师范学校合并，组建成立了重庆市三峡师范学校，同时增挂"重庆市三峡幼儿艺术师范学校""重庆市幼儿艺术师资培训中心"牌子，实行一套班子管理。三峡师范学校成立后，学校高举享誉川渝大地的万州师范学校、万州幼儿师范学校整合之旗，建设起了一所师范与非师范兼容、职前培养与职后培训为一体，中师与高师并存的现代化全日制学校。2006 年，学校又与重庆万州商贸中专开始联合办学，这标志着学校向多元化、综合性发展的方向迈出了重要一步。三所学校的辉煌校史逐渐融合，奠定了学校未来办学的整体基调。

一、三峡师范学校时期（2003—2012 年）

进入新世纪后，万州师范学校迎来了历史性的发展机遇。

由于国家调整师范结构，万州区政府将万州师范学校和万州幼儿师范学校合并，建立重庆市三峡师范学校。在合校过程中，学校整合教育资源，给校园注入了更多的和谐融合氛围，为创建专科学校夯实了基础。2003 年 7 月 1 日，新校迁入天城镇塘坊。新校占地 218 亩，按照大专院校设计，投资上亿元，建有教学楼、图书馆、科技楼、400 米标准田径场、钢琴室、演播厅、多功能语言教学系统等教学设施。校园环境优美、设施现代、功能齐备，领先西部。

学校以库区急需人才为培养目标，立足于学校特点，开展富有特色的学科建设，以艺术教育、师范教育为基点，培养具有高素质、高学历、高品位的专业技术人才，学校开设有幼教、音乐、计算机、中文、数学、美术、艺术、英语等十多个专业，68个教学班，在校学生3 000余人。分别来自重庆、四川、陕西、湖北、湖南、河南六省（市）的近50个区（县），覆盖了库区近95%的区县。另外，学校还在四川省巴中县、重庆酉阳等地办有幼教分校。

这一发展时期，学校将专业设置、人员配备进行资源整合与调整，坚持"以人为本，多重发展"的办学理念，在"尽快升格"的发展目标指引下，以"严教、博学、文明、创新"为教训，以学前教育、艺术教育作为主要特色，学校发展呈现出勃勃生机。学校一校两地，占地330余亩，建筑面积98 255平方米，二期工程将达到614亩；学生容纳量6 000人，二期工程后学生容量将达10 000名。学校共有教职工256人，专任教师177人，硕士研究生2人，研究生层次28人，本科以上学历154人，其中高级讲师41人，讲师94人，国家级骨干教师1人，市级骨干教师和学科带头人4人，区级学科带头人和青年骨干教师培养对象22人：曾宪梓教育基金获得者2人。

在办学的征途上，学校不断拓宽办学思路，在抓好普通教育的同时，与西南师范大学、重庆教育学院、重庆三峡学院、重庆信息技术职业学院等高校联合开办美术、中文、英语、学前教育等各专业本、专科成人教育函授班，就读学生人数近2 000人。教师扎实的教学基本功和学校规范而具人性化的教学管理造就了大量的社会可用人才，100%的就业比例和良好的社会声誉赢得了莘莘学子青睐。

二、重庆万州商贸中专（1979—2011年）

2006年，学校又与国家级重点中等职业学校重庆万州商贸中专开始联合办学，同时融合了商贸中专多年职业学校办学的优势经验与做法，令学校发展再次迈向新的台阶。

万州商贸中专前身是 1979 年 5 月的四川省供销学校万县教学点。地点设在万县市清泉路 35 号万县地区柑果站仓库。莫千里任教学点负责人，张宝荣任临时党支部书记。学校条件简陋，职工很少。主要承担四川省部分地区的经、供销系统职工培训任务。1998 年 9 月，重庆市教委同意"万县市供销职工中专校"更名为"重庆万州商贸中等专业学校"。根据市场需求，推行招生制度改革，不断拓展专业，狠抓实践技能培训。

根据市场需求，学校推行招生制度改革，拓展专业，学校开设有计算机、电子、机械加工、师范等四个专业方向，涵盖计算机文秘、图形图像、硬件网络、电子技术、电子与信息技术、模具技术、数控技术、普师、"3+2"高师、幼教等十多类专业，狠抓实践技能培训。党工团组织构建德育教育网络，学校招生规模至 2006 年达到 4 316 人，学校评为全国供销系统和其他部门颁发的先进集体奖。2006 年学校被教育部认定为国家级重点中职学校。校长谭家德获得全国供销系统先进个人及第二届黄炎培职业教育杰出校长。

学校探索中职校"工学结合、校企合作、半工半读"办学模式，先后同上海达丰有限公司、深圳中兴诵迅股份有限公司、江苏健鼎科技、新加坡肯发集团等几十家中外企业和合资企业签订"订单培训"合同。2010 年 5 月，与北京汇源重庆柑橘开发公司举行校企合作启动仪式，在汇源集团挂牌建立实习基地。被重庆市确定为三峡库区首批唯一的农村劳动力转移培训学校，先后实施培训"百劳工程""阳光工程"等四个项目共培训 2 394 人。

2006 年 5 月 16 日，万州区政府同意重庆万州商贸中等专业学校和重庆市三峡师范学校合并办学，实现资源共享，同步发展 9 月，学校被教育部确定为首批 107 所半工半读试点学校之一。10 月，教育部在青岛召开"全国半工半读经验交流会"，谭家德代表西部省市作《工学结合、半工半读，为三峡库区学子撑起一片蓝天》专题发言。

第五节　百炼成金：重庆幼儿师范高等专科学校时期
（2012 年至今）

2012 年 5 月 8 日，重庆市人民政府下发《关于设立重庆幼儿师范高等专科学校的批复》（渝府〔2012〕32 号），批准重庆市三峡师范学校升格为重庆幼儿师范高等专科学校，学校成为重庆唯——所以培养培训学前教育师资为主的公办全日制普通高等专科学校。这一变革不仅标志着学校在教育规模和教育质量上实现了跨越式发展，更在教育创新和传承上将百年高校发展的累累硕果凝聚在一起。学校注重专业建设和课程建设，积极引进优秀人才和先进教育理念，为培养更多优秀的幼儿教师奠定了坚实的基础。

截至 2024 年，学校现有三个校区，分别位于万州区的塘坊校区、小湾校区和位于云阳县的梨园校区。27 个专业面向全国 16 个省市招生，现有全日制在校生近 14 000 人，教职工 800 余人。设有学前教育学院、儿童早期发展学院、初等教育学院、音乐舞蹈学院、美术学院、康养学院、智能科技学院、体育学院、马克思主义学院、继续教育学院（培训学院）等 10 个教学学院。秉承百年师范办学传统，学校始终坚持"姓师、向农、为幼、服老"办学宗旨，践行"励志、笃学、仁爱、敏行"育人理念，以立德树人为根本，以提升人才培养质量为核心，以深化改革为动力，推进"校地园协同、学训教一体"产教融合新模式，积淀形成"三种素质、五种能力、十五项基本功"人才培养质量体系，确立"以学前教育为龙头，以小学教育、艺术类为支撑"的专业建设思路，为城乡基层幼儿园、小学培养"师德好、业务精、下得去、留得住"的一线师资。

作为一所专注于幼儿师范教育的高等学府，重庆幼儿师范高等专科学校始终坚持"姓师"的办学理念，致力于培养优质的师资及管理人才。学校开设了包括学前教育、早期教育、婴幼儿托育服务与管理等在内的10个师范专业，涵盖了从幼儿教育到教育管理的全方位知识体系。同时，学校还坚持"向农"的办学方向，积极服务于乡村振兴和基层一线，特别关注"一老一小"的社会需求。在学前教育领域，学校以其为特色骨干专业，不仅开设了多个相关专业，还积极响应国家对老年康养事业的新规划，建立了"智慧康养"专业群，为城乡老年护理、康复和康养管理领域输送了大量高素质人才。

学校高度重视校园文化建设，特别是对学校建校百年来的红色文化传统进行了深入挖掘和整理，建成了校史展览馆。展览馆展区面积约300平方米，以"传承红色文化，培育幼教英才"为主题，共分为"读书救国""教育图存""求知化德""育苗绽春""学技立职""新道尚美""沐真至善"七大篇章，以文字、图片、实物展示等形式再现了学校百年办学历史、部分万县革命斗争历史和下川东革命活动历史，以及萧楚女、恽代英、朱德、刘伯承等革命前辈，刘伯坚、赵明恩、彭咏梧等革命先烈，钟稚琚、李嘉仲、何其芳等学者名流在省四师工作、学习、战斗、生活的经历，呈现了不同时期的成就，再现了学校作为"下川东革命摇篮"的鲜活史实，以及学校百年师范教育的生动实践。展览馆植根于学校文化的深厚土壤，集中体现学校的人文底蕴、育人资源、办学自信，传递学校的教育理念和办学精神，是最生动鲜活的文化课堂。

2019 年，学校校史展览馆被批为万州区爱国主义教育基地；2024 年，学校校史展览馆获批重庆市首批"大思政课"实践教学基地，成为红色研学基地、大学生思想政治教育实践教学基地、传承红色文化和师范文化的重要平台，吸引周边地区众多机关、学校、企业入馆开展红色研学，每年接待校内外师生、嘉宾入馆参观上万人。展览馆现在已经成为宣传学校百年历史、弘扬幼专优良文化传统和光荣革命传统的重要窗口。

在教学和科研方面，重庆幼儿师范高等专科学校同样取得了显著成果。学校拥有国家级骨干专业、市级高水平专业群等多个荣誉，展示了其在教学和科研方面的卓越实力。近年来，学校荣获职业教育国家级教学成果奖二等奖 2 项、市级教学成果奖 5 项，立项市级教改项目 60 余项。教师团队在各类比赛中屡获殊荣，学生也在专业技能竞赛、创新创业大赛中表现出色，共获得市级及以上奖项 350 余项。学校的原创红色艺术思政课和歌曲作品更是入选了教育部庆祝建党 100 周年原创精品档案，彰显了学校在思政教育和艺术创作方面的独特魅力。

在社会服务、科研合作和国际交流方面，学校也取得了显著成效。学校入选教育部"一站式"学生社区综合管理模式建设自主试点高校，并承担了国家级和市级多项重要教育任务，如学前教育"双师型"教师培养培训基地、学前教育公费师范生定向培养基地等。学校还成立了多个研究中心和监测中心，为学前教育领域的发展提供了有力支持。在国际交流方面，学校与多个国家和地区的高校建立了合作关系，共同开展教育交流和合作项目，提升了学校的国际影响力和竞争力。

2024 年，重庆幼儿师范高等专科学校迎来其办学 110 周年的重要时刻。自 1914 年建校以来，学校始终秉承"无冥冥之志者，无昭昭之功。骐骥一跃，不能十步；驽马十驾，功在不舍"的校训，恪守"立以德行，树之表旗"的办学理念，发扬"熔铸红色师魂，培育幼教英才"的精神。学校全面贯彻党的教育方针，突出卓越乡村教师特色，致力于优秀文化传承创新，培育社会服务品牌优势。在幼有所育、学有所教、老有所养上深耕厚植，为中小学、幼儿园及其他行业培养了数以万计的专门人才。这些毕业生中不乏党政军领导、作家、企业家、学者及优秀教育工作者等杰出人才。

　　站在历史新起点上，重庆幼儿师专全体师生员工凝心聚力，攻坚克难，蹄疾步稳。学校积极探索教师教育、职业教育协同发展新路径，全面构建海内外多校区一体化开放办学新格局。在未来的征程中，学校将继续发扬光荣传统和优良作风，以更加饱满的热情和更加务实的作风，在创建"西部领先、全国一流"幼儿师范院校的征途上再铸辉煌，为实现中华民族伟大复兴的中国梦贡献自己的力量。

第九章　熔铸万世师表师魂

　　学校师范文化厚重，坚守"以师育师"师范文化，钟稚琚、萧楚女、恽代英、何其芳等革命前辈曾任教于此，将革命火种、家国情怀、人生理想深植于学生心中，以其心有大我、至诚报国的理想信念，言为士则、行为世范的道德情操，启智润心、因材施教的育人智慧，勤学笃行、求是创新的躬耕态度，乐教爱生、甘于奉献的仁爱之心，胸怀天下、以文化人的弘道追求影响着代代学子。

第一节　首任校长提倡"读书救国"

　　省四师的第一任校长由四川巡抚史公署委派钟正懋（钟稚琚）担任，钟正懋曾留学日本，是章太炎先生的学生。钟校长前后于1914年3月至1918年8月、1920年10月至1922年8月、1924年8月至1925年2月三次在省四师任职，为省四师的开创和发展做出了重大贡献。

　　他重视教育，激励学生勤学志远。1917年5月，著名民主革命家章太炎先生以孙中山大元帅护法军政府秘书长的身份视察川鄂政务时，钟正懋听闻老师要路过万县，于是邀请他来到省四师，将《荀子·劝学》中的名句用篆文写出来作为学校的校训："无冥冥之志者，无昭昭之功，骐骥一跃，不能十步，驽马十驾，功在不舍。"并刻成石碑，立在校内激励学生，立大志，勤学习。至今这座校训碑及其文化内涵依旧激励着代代师生坚守教育岗位。

他提倡"读书救国"。钟正懋强调教育对于国家和民族的重要性，认为教育是国家兴旺、民族兴盛的基石，个人的学习不应仅仅为了个人的利益，而应与国家和民族的命运紧密相连。他倡导个人"成才梦"与民族"复兴梦"相互辉映，通过个人的努力促进国家的整体进步。他有意无意地将日本明治维新后实行资本主义的政治、经济、文化等各个方面，介绍给广大青年学生，使学生开阔了视界，接触了新思想，促进了部分学生的思想解放，勇敢地寻求新的救国救民的出路。在省四师成立第二年考进学校的刘伯坚（土地革命战争中在江西苏区英勇牺牲，著名革命烈士），在校受到新教育后，政治思想迅速升华，便以爱国主义思想观察当时社会，目睹插着外国国旗的轮船在长江中横冲直撞，洋人在小小的万县也开商埠、设关卡、办教堂，践踏祖国的肌体，他感到痛心疾首，忧心忡忡。怀着满腔愤懑，挥笔写道："堂堂炎黄子孙，岂容洋奴欺侮，凡有血气之勇，莫不枕戈饮血……"面对当时袁世凯、张勋等复辟势力，刘伯坚大声疾呼："再穿上黄马褂，是对民族的侮辱，时代的背叛。"在省四师求学的两年间，刘伯坚常对亲友说："您们喊我读书，可是，我这蛀书虫，要从书本里面跑出书外，去四方寻找救国之道，探索救国之术。"这种思想正是当时在省四师求学而觉醒的青年一代的代表。刘伯坚怀着上述目的，于 1917 年初秋离开省四师，3 年后去法国勤工俭学，参加由赵世炎、周恩来发起组织的旅欧"少年共产党"，成为一位伟大的共产主义战士。

他倡导通过教育来提升国民的知识和技能，以适应国家发展的需求。1918 年学校从文昌宫搬到城郊亢家湾新校舍时，钟正懋主持修建的学校礼堂、教室等建筑，均仿照日本学校的模式。1919 年，开创历史新纪元的"五四运动"风暴席卷全国，使省四师的同学们有了新的觉醒，他们立志要随着反帝反封建的时代浪潮，在争民主、学科学、振兴中华的伟大事业中奋勇前进。就在此时，革命先辈萧楚女来省四师任教。他从共产党内带来点点星火，投入省四师的革命烈焰中，起了催化助燃的作用。

第二节　革命先烈播撒革命火种

萧楚女参加中国共产党后，1922 年下半年，党便派他从武汉前往四川工作。萧楚女先到重庆，参与领导了重庆联合中学的学潮，后又和四川进步学者熊禹治、陈愚生等一起创办重庆公学，旗帜鲜明地坚持反帝反封建，与反动势力争夺青年一代，遭到反动派的迫害，学校 11 月 11 日才建立，12 月底就被反动派强行解散，萧楚女受到敌人的监视。于是，1923 年，萧楚女受四川省立第四师范学校校长刘明扬之聘，从重庆来到万县亢家湾的省四师任教，开始了新的战斗。

他坚持课堂为第一阵地，反对八股文。刘明扬是万县人，毕业于北京大学。在重庆公学时和萧楚女共事，对萧楚女的才识素为钦仰。他回万县当了省四师校长后，即聘请萧楚女来省四师任教，担任国文课的教学。省四师的国文课，过去一直由清朝的拔贡程鸿藻等把持着。程拔贡等教学生的国文，不是教子曰诗云，就是教《明儒学案》之类，要学生以"修身、齐家、治国、平天下"为宗旨，使学生思想僵化，缺少生机。1919 年"五四运动"后，反帝反封建的浪潮，民主和科学的呼声，开始冲击这所乡间学校。学校为装潢门面，增聘了北京大学毕业的李曼成来教国文。这个人也只讲一些描绘风花雪月或抒发离愁别恨的诗词之类。如他在课堂上津津有味地讲了李煜的《望江南·怀旧》，便出个作文题目《昨夜梦魂中》，叫学生逃避现实去说梦。萧楚女来校后，了解了上述情况，深感自己责任重大，必须把课堂当战场，对封建势力进行针锋相对的斗争。

萧楚女担任旧制师范班第七期的国文教师，又做这个班的级任老师。首先，他废弃了当时统一的国文课本，自编国文讲义，再自己刻钢板印油印。萧楚女编的国文讲义开宗明义，第一篇就是反对八股文。他以鲜明的马克思主义立场、观点，生动的比喻，透辟的说理，向学生进行讲授。讲义中还大量选用鲁迅的作品和《新青年》上的文章。萧楚女在教学时，根据过去两年间在湖北襄阳市二师和安徽宣城市、四师教学的经验，不仅给学生语文知识，他通过对作品的具体分析，更多的是向学生灌输反帝反封建的革命思想。如讲授鲁迅的小说《孔乙己》时，通过孔乙己这个受封建主义毒害的典型，来揭露封建教育制度和科举制度的罪恶。讲授《药》时，就着重分析华夏两家悲剧产生的原因，愤怒地揭露了封建统治阶级残酷镇压革命、毒害人民的罪行。

他组织读书会，帮助学生接受新思想。萧楚女不仅在课堂上认真负责地教课，而且还介绍同学们阅读进步的课外书籍，如《向导》周报，李大钊、郭沫若等人的作品。其中不少书刊是他从别处带来的。为了加强同学们的课外阅读，他在学生中还组织了读书会。萧楚女来校之前，学生中根本没有读书会的组织。萧楚女先在任课的班上把读书会组织起来，再逐渐扩大到其他的班。各班的读书会还分若干小组进行讨论。学生的思想有了变化后，他又因势利导，问学生是新书刊有意思或是《四书》《五经》有意思？当学生对古书持全盘否定的态度时，萧楚女便对他们说，看点古书还是必要的，要学习前人有益的东西。因此，他特别选了杜甫、白居易等人的诗歌教学生。当讲到"朱门酒肉臭，路有冻死骨"时，他联系当时的社会实际，从浅入深地讲解，讲了社会的不公平，讲了阶级的产生，讲了社会发展的历史，更详细地讲了灾难深重的祖国，如何沦为半封建半殖民地社会的惨痛经历。他讲得生动具体，使学生在知识上、思想上受到极大的教育。

萧楚女在教作文时，要同学们写白话文。同学们原来写惯了文言文，突然要写白话，有的竟提不起笔。他便循循善诱，要求同学们在作文时，首先应言之有物，不无病呻吟，不写缺乏思想感情的文章；要不避俗字俗语，不用陈词滥调；要不违背语法。慢慢地使同学们对写白话文逐渐入了门。

他掀起"择师运动"，把主动权交给学生。由于萧楚女口诛笔伐，与学校的守旧派和国家主义派开展了不调和的斗争，给青年们拨开迷雾，指明出路，使刘明扬、程拔贡等人恼羞成怒，便指使个别学生在萧楚女上课时进行捣乱。萧楚女立即主动出击，宣布学生听课自由，不愿听的可以退席，不以旷课论。并在广大同学中，掀起一个"择师运动"，响亮地提出："学生有选择老师的权利""学校要以学生为主"。择师运动开展后，因萧楚女学识渊博，教学态度认真负责，从不咬文嚼字，听过他讲课的学生，都感到受益很大，便争着听他的课，别班的同学也来听，有时，不仅教室内座无虚席，连教室外的走道上，也有站着或坐着听课的，甚至连工友也来听，就像上大课一样，一堂课多至100多人听。影响所及，使那些过去捣乱的学生渐渐放弃了自己错误的做法，纷纷回到课堂上来。

择师运动取得了胜利，萧楚女又趁热打铁，鼓动学生成立了学生自治会，让学生自己管理学习、生活等事，使民主之花在省四师这块土地上萌芽、开花。

他针砭时弊，为学生指明道路。省四师的学生大都出身寒微，眼见着由于军阀混战，各地苛捐杂税层出不穷，兵差、拉侠比比皆是，地租、押金一再加重，民不聊生，他们都在想着如何才能救国救民。作为共产党员的萧楚女，他不仅不与刘明扬等合作，相反还通过讲坛，通过读书会等各种活动，用血淋淋的事实，向学生们宣传，说明中国社会的衰败，根本原因是帝国主义的侵略和封建主义的统治所造成的。要改变这种状况，绝不是实行什么国家主义所能奏效的。只有旗帜鲜明地进行反帝反封建的斗争，走革命的道路，才能救国救民。萧楚女不但在口头上反对国家主义，还组织领导学生在校内校外办墙报，与国家主义派进行辩论。

萧楚女在省四师任教时，恰巧恽代英离开成都出川，路过万县，会见了萧楚女。两人在过去的革命斗争中结下了深厚的战斗情谊，萧楚女便极力向学校推荐，邀请恽代英向学生作了一次"中国向何处去"的讲演。恽代英讲演时慷慨激昂，既追溯历史，更联系现实，旁征博引，针对国家主义派的种种谬论进行有力驳斥。他一讲就是好几个钟头。中国向何处去？恽代英旗帜鲜明地指出：中国的出路只有一条，就是进行反帝反军阀的革命。我们必须打倒军阀，才能组织革命的人民政府，好引导全国的民众去反抗帝国主义。他号召同学们积极参加革命活动，参加反对国家主义的斗争。最初，只是学生听他的讲演，后来连教师们也去听了。听后，一致认为受益匪浅。

在近半年的时间里，萧楚女在学生中开展了一系列的革命活动。通过读书会的培养，择师运动的考验，学生自治会的锻炼，以及反对封建势力、反国家主义分子的斗争，在学生中涌现出不少思想进步，积极要求走革命道路的青年。萧楚女便因势利导，先在进步学生中组织"学习励进会"，再进行发展革命组织的工作，发展了吴毅、朱亚凡、吴逸僧、郑叔伦等为社会主义青年团团员。这几个团员由于革命觉悟高，当萧楚女被军阀逼迫离开省四师后，他们也纷纷离开学校，投身革命洪流，找到了党组织，成了光荣的共产党员，积极为革命献身。吴毅 1924 年到了广州，就读中山大学，曾任党的广州市委委员，1927 年 12 月爆发了举世闻名的广州起义，当时，吴毅任广州市委书记，是广州起义的组织者和领导者之一。后又任广东省委委员、省委常委。吴毅在工作和生活上，处处向萧楚女学习，组织领导能力很强，生活作风非常俭朴。广州起义失败后，吴毅牺牲于广州，当时才 21 岁。吴逸僧离开省四师后，积极追随萧楚女，不久，去武汉投考恽代英主持的武汉中央军校，大革命失败后，回到家乡忠县作党的县委书记，积极组织武装斗争。1930 年夏天，李光华、王维舟同志组织三路红军游击队，从梁平出发路过忠县向鄂西进军时，吴逸僧领导当地的同志，积极组织力量，让三路红军游击队 1 300 多队员，只用半天时间就在忠县石宝寨顺利地渡过长江天险。朱亚凡积极参加革命斗争，成了光荣的共产党员，长期为党坚持战斗。1940 年 3 月 14 日，国民党顽固派在成都公开进行反共活动，制造了"抢米事件"，借此抓捕了党的川康特委书记罗世文和共产党员车耀先等。朱亚凡首先被捕，4 天后惨遭杀害。

萧楚女在省四师教的另一些进步学生，如吴体钧、白维平、周兴镐、郑碧光、雷郊等，当时在学校虽未参加社会主义青年团，但在肖的教育培养下，对革命有了一定的认识，大革命开始后，他们纷纷投笔从戎，参加黄埔军校或武汉中央军校，努力为革命贡献自己的力量。吴体钧、白维平、周兴镐等人甚至献出了宝贵的生命。

萧楚女身正为范，重视俭朴劳动。他在省四师，不但把讲坛当战场，就是在日常生活中的一言一行，他都用革命尺度严格要求自己。平时，他总是布衣布腰，处处以平等待人。当时，省四师还保留许多陈规陋习。如教师吃饭，要校工在旁边伺候添饭，教师寝室要校工打扫，师生呼校工为杂役等。萧楚女对这些做法十分反感，便用自己的实际行动，一一进行改革。吃饭时他从不要校工伺候，每餐都是自己添饭。每天一起床，他就自己动手把寝室打扫得干干净净。他反对称校工为杂役，便向同事和同学们说，校工是工人阶级，他们做工，我们教书或读书，是社会的分工不同。没有他们的劳动，我们的学习、日常生活都要发生问题。他以此来提高大家对校工社会地位的认识，增强对工人的阶级感情。他又进一步启发大家：为什么喊他们杂役？工人、农民，是我们的朋友嘛，叫工友！萧楚女的话，说得大家心服口服。从此，大家对校工再不喊杂役，而亲切地称呼工友了。

省四师的学生，在当时由于受社会风气的影响，总认为"万般皆下品，唯有读书高"。他们中不少人，不但轻视劳动人民，也轻视劳动，认为自己洗衣、挑水、扛行李等会被别人耻笑，不屑于干。萧楚女来校后，一方面自己干一切力所能及的劳动，一方面对同学进行劳动创造世界、劳动光荣的教育。慢慢地，部分同学轻视劳动的情况就有所改变，自己洗衣、扛行李，再也没人耻笑，更不认为下贱了。为了提高同学们的思想觉悟，萧楚女还在同学中大力宣传解放妇女，反对缠足，反对男尊女卑，在学生中引起了热烈的反响。

他为人亲和深受拥戴。萧楚女平时和同学相处得十分融洽。其他教师的寝室，学生大都不敢进去，但他的寝室，学生出入不断。同学们向他提出种种问题，不论是思想上、学习上或生活上的，他都一一作答。并借此进行革命教育，使同学们获益良多。有一次，几个和萧楚女非常接近的同学问他："先生！你收入颇丰，为何穿着如此朴素？"他回答说："我每月的 80 元薪水，除生活费用外，都捐献出去了。"捐献给谁？他虽未说，但这几个和他接近的同学都知道他是共产党员，一定是捐献给党组织，作为党的费用了。

萧楚女在省四师的革命行动，获得了学校绝大多数师生的拥戴，但也招来敌人的忌恨和排挤，不久便以"莫须有"的罪名，强迫萧楚女离开省四师。这期的学期考试一完，萧楚女便告别了省四师那些纯朴的学生，扛起简单的行李，离开了这块被开垦的处女地。

萧楚女在万县的时间虽然只将近半年，但在省四师这块处女地上，已深深播下了革命种子。萧楚女被迫离开万县后，再次到重庆，一方面应省立第二女子师范学校之聘，到该校任教，同时，又经陈毅同志的推荐，到《新蜀报》担任主笔，为党占领了一个重要的宣传阵地。

第三节　第一个共产党员校长

1926 年，在声势浩大的反英斗争中，万县正式建立了第一个共产党的地方组织，负责人是李嘉仲，同时他也是上级委派作万县省四师的新任校长。他是省四师从 1914 年 3 月成立以来的第一个共产党员校长，更是学校从 1914 年成立到 1949 年 12 月万县解放这漫长的 35 年中唯一的共产党员校长。

当时，李嘉仲在万县的处境是复杂而困难的。对他的到来，有试探的、监视的，也有关心的、劝慰的。他表面上装着名士风流的样子，出入于茶房、酒肆、书场、戏院，广泛接触社会各阶层人士，实际上他正积极以省四师为阵地，进行种种革命活动。

他曾打算办农训班，未办成，便改办了一期政治训练班，地址就在省四师。政训班为时三周，李嘉仲借此向参加政训班的青年宣传革命思想，并曾不止一次地请朱德到政训班讲课。朱德在讲课中语重心长地对学员说："青年学生是国家的希望，要确立革命人生观，永莫变质。"

李嘉仲来省四师做校长，正是进步学生在学校掀起驱逐反动校长肖秉廉的学潮取得胜利之后。他一到校，便借进步势力的东风，一方面，尊重同学的民主权利，由学生重新选出吕在和等为学生自治会负责人，他是"驱肖运动"的学生头领；另一方面，又接受学生自治会的要求，对学校人事进行大刀阔斧的革新，凡教职员中，涉及国家主义派和国民党右派的，一律不留用，将他们全部解聘。当时，省四师的教职员中，进步力量十分薄弱，只有体艺组老师何超腾是党员，于是，李嘉仲立即将成都高师同学、共产党员任梓勋、进步青年张叔痴聘请来校，分别作教导主任和训育主任，具体负责学校的工作。为了加强学运和共青团的工作，李嘉仲又将正在重庆读书的共产党员、共青团员宋毓萍、刘道庸、陈延芳、贺良佑等近10人，动员到万县省四师插班就读。宋、刘等人一面读书，一面在同学中开展革命活动，培养积极分子，进行发展共青团的工作。不久，吕在和、任天衢（任志云）、李允（李信甫）、江琬、李同、易善举、刘绍明（刘吾仇）等10多人参加了共青团，并组成支部。当年12月，共青团万县县委正式成立，由李嘉仲负责的3人党组织成员雷德沛任团县委书记。因省四师各方面的基础较好，团县委便把这所学校作为发展团组织和开展革命工作的重点。

李嘉仲来省四师当校长时才27岁，正是青年时期。因此，他特别注意通过实践培育青年。为了加强对省四师共青团员的革命锻炼，他借在二十军军党部作特级政工干事之机，介绍团员任志云、李允、刘绍明、李维国、彭志行等到朱德具体领导的二十军军党部组织科、宣传科等科室作干事，在斗争中锻炼成长。不久，任志云等纷纷转为共产党员，担负起新的革命重担。1927 年 3 月，重庆发生了震惊全国的"三·三一"惨案。当时，李嘉仲正在云阳筹建国民党（左派）县党部。杨森部下的一位旅长雷忠厚赶到云阳，告诉李嘉仲关于惨案的消息，并讲杨森部下一位思想"左倾"的师长被刺，杨森可能立即撕下伪装投入反革命的怀抱。李嘉仲感到在下川东再难立足，4 月 1 日，在雷忠厚的掩护和姓丁的参议的资助下，乘船东下，到宜昌遇见了"三·三一"惨案的幸存者——《四川日报》的吴自伟、《新蜀报》的宋南轩和从万县逃出来的牟炼先等，于是结伴去武汉。李嘉仲将了解到的"三·三一"惨案真相整理成材料，向武汉国民政府揭露了四川军阀镇压革命的罪行。

南昌起义时，李嘉仲作为四川政治代表，参加了南昌起义。

第四节　何其芳执教省万师

何其芳是中国现代文学史上著名的诗人、散文家和文艺理论家。何其芳的早期作品，如《画梦录》和《燕泥集》，体现了他对唯美主义和个人情感的表达。何其芳在 1938 年进入延安，这一时期他的文艺思想和美学观念发生了显著变化。他开始接受马克思主义的美学观和文艺观，认为最好的诗的源泉是人民大众的生活与其斗争。他的创作风格从空想到现实，从雕琢精巧到朴素生动，从艺术"预言"到革命梦想转变。他在这一时期的诗文里呈现了多种声调，显现出他之于人生、艺术的复杂思想情感。

正是在两个阶段思想发生转变期间，何其芳来到了省万师执教。

　　1937 年，何其芳从山东莱阳县回到四川万县，准备去延安。何其芳结束北大学生生活，初次面对血淋淋的现实，加上校内腐朽发臭的生活，形成他思想上很大不满。但更多的是受齐鲁人豪放性格的影响，使他感到"正不必把感情束得细细地象美女的腰"。特别在山东莱阳中学的一年，对他的思想更有决定性的意义。1937 年上期，他带毕业班学生去青岛、济南、北京参观，目睹更多血淋淋的事实，使他感到：过去只看到人间充满不幸，现在看到的不幸是人造的；人造的东西，都可以用人的手毁掉，重新造过。我们可以清楚地看到这时的何其芳，早已走出《画梦录》，正奔向大时代的洪流，这就是他准备去延安的原因。

　　《川东日报》主编秦斌，原是省万师师二班学生，在北京上大学时与何其芳要好，他们在家乡重逢大悦。次日便在《川东日报》上登出一条好消息："著名诗人、作家何其芳返万"。这惊动了省万师校长龙守贤。于是躬亲前往迎接，通过秦斌欢聘何其芳去省万师教毕业班师五班国文。

　　虽有下川东最高学府之称，但从精神文明着眼，此时的省万师还是一块荒芜的园地。五四运动后，陆续来了几位拓荒者，如萧楚女、李嘉仲等，他们伐恶树、劈乱石、锄秽草、碎硬土，好容易开垦出这块园地，把红色种子撒下去。虽然不免风吹雨打，土猪拱，山鸡啄，但撒下去的种子，总算长起来，而且长得郁郁馥馥。

　　1927 年四·一二反革命政变后，国民党反动派疯狂破坏全国各苏区，血沃中原，这块红色园地也不例外，遭到摧残。1931 年春，驻万军阀王芳舟（王陵基），在光天化日下，以重兵包围学校，抓捕地下党员和进步学生多人。有的不久得保释，如郝警心等，有的保释后复被抓，最后甚至被枪杀于王家花园大草坪，如吴体可、曹世新等。从此，这个川东的红色大本营，园丁们开垦的红色园地一度消沉起来。直到九·一八事变，日本侵占我东三省后，激发起同学们的爱国热情，学校才出现了活跃的气氛。到龙守贤接办后，学生中自由写作的空气也逐渐浓厚起来。师四班还组织了刊物《青年生活》作练笔阵地，每周在《川东日报》副刊上与读者见面。此时正需要得力的国文教师去扶持。

何其芳入校前，通过了解，已掌握了以上情况。入校后，校内总的情况是：老师一般因循守旧，安于现状；学生比较活跃，但一般精神营养贫乏，亟待滋补；校长虽然也是旧典型，但比较开明、爱国，赞成抗战，可以立足于拉。

要滋补学生精神上的贫血，不仅要认真改进课堂教学，尤其要尽快充实图书室，以丰富其精神食粮。于是通过摆谈，何其芳积极建议充实图书室。校长是主张读书的，欣然接受了这个建议。于是凡属于有利于抗战的书刊，不分古今中外，莫不列入订购单上，督促校长如果是质量高的图书还须成倍订购。图书室迅速扩展到两间大教室，阅览室在外。每到课外活动时间，借书学生拥挤不通，管理员几乎忙不过来。阅览室座上客常满，发出春蚕食桑叶的翻书声。不仅阅览室，自习室、寝室、草亭乃至走廊、过道，只要是课外时间，也经常能见到这样的情景，听到这样的声音。

浓厚的阅读空气，也出现在教师队伍中。连一向非三代两汉不敢观的老夫子，如徐岱宗、徐象衡等也不断从图书室借去一垛垛新书，躲在寝室认真阅读，读完后又去借。有的还发出叹息："时代在前进，思想跟不上怎么行！"

课内课外，一有机会，何其芳就对学生宣传党的抗日民族统一战线政策，或进行光荣传统的校史教育，使大家受益不少。他担任毕业班的国文教师，同学们都喜欢听他的课。有个同学回忆说："他讲起话来，声调清晰，用词准确，富有感染力、说服力。同学们全在静静地听，深深地思索。"（《其芳老师在万县师范》）为了丰富课堂教学，何其芳在讲课中常引用其他作家和其作品。他向学生介绍了鲁迅、茅盾及其代表作品《阿Q正传》《子夜》等，可从没提过他自己。为什么不提他自己呢？前面说过，他早走出了《画梦录》，因此，对于那一时期的作品，如果要提，也只能是自剖，所以还是不提得好。如果有学生扭住何其芳老师要作品读，他也只是婉言拒绝，同时鼓励他们多读多写对抗战有利的东西。

除了毕业班，何其芳在师六班也讲过伦理学和诗，有个六班同学回忆："何老师给我们讲了《诗经·关雎》，又讲卞之琳的新诗。都讲得生动有味，大家喜欢听。但听起来总使人感到，写旧诗容易，学新诗难。"是的，旧诗写失败了，还有格式留给读者，新诗写失败了，读者什么也得不着。老师在课堂能三言两语让学生听懂这一道理，很不容易。

"其芳老师在短短时期，对学生下的功夫很深。他忘我地辛勤教学，从来不知疲劳。每逢星期或例假日，他回城内富贵巷，总要挎一卷学生的习作，去同好友杨吉甫奇文共欣赏。我碰着不止一次。读着他那娟秀的笔迹和精批细改的词句，实在是一种美的享受。"

何其芳在省万师校内辅导学生自办刊物，自己练笔，宣传抗战，在校外他又办有《川东文艺》，挑选学生习作中的优秀者发表。《川东文艺》由何其芳、杨吉甫主编，目的是宣传抗战。每周在《川东日报》副刊与读者见面一次。创刊初期，由杨吉甫最亲密的学生张学培做具体编辑工作，何、杨作原则性指导。刊头川东文艺四字由何其芳亲笔书写，别有风致。在创刊号上，何其芳以抗战为内容写了发刊词，杨吉甫也写了文章。《川东文艺》与读者见面后，由于合乎民意，语言通俗，形式大方，宣传效果良好。川东日报社负责人秦斌又把两周内《川东文艺》上的作品，挑其精者集中起来编成十六开的集子，名曰《川东文艺半月刊》，随报纸一起零售，买者踊跃，销路也好。何其芳发表了《万县见闻录》，把矛头端端地对准万县反动当局。不久，省万师五班学生郭福玉（梦愚）又发表了《续万县见闻录》，继续揭露万县地区的丑恶、阴暗。

随后，何其芳便以胜利者的姿态，离开省万师，离开家乡万县，去了成都。不久，便到了革命圣地延安。

第十章　缅怀红色革命英杰

　　学校红色文化底蕴深厚。被誉为"下川东革命摇篮"，在这里，革命先辈如萧楚女、恽代英、朱德、刘伯承等曾积极传播革命思想，并开展了一系列革命活动。革命先烈刘伯坚、蓝蒂裕、赵明恩、彭咏梧，以及开国上将陈伯钧等，均在我校接受革命思想的熏陶，踏上了革命征程。据统计，我校学生中涌现出 11 位英勇就义的"红岩英烈"，他们用生命诠释了革命精神。此外，还有 51 名在校学生毅然加入中国人民志愿军，奔赴抗美援朝的战场，展现了崇高的爱国情怀。我校的红色文化与师范文化相互交融，共同铸就了"追求真理、信念坚定、艰苦奋斗、勇于牺牲、学为人师、行为世范"的崇高"红色师魂"。

第一节　刘伯坚

　　刘伯坚，原名刘永福，川北平昌县龙岗寺人，1895 年 1 月出生。

　　1915 年秋，正当辛亥革命后不久，刘伯坚这位维护共和、反对帝国主义战争、反对军阀封建割据的中学生，为了追求新思潮，满怀热望，毅然从川北的大巴山腹地，不辞辛劳，步行 580 里山路，来到川东的万县，就读于头一年才开办的省立第四师范学校。

　　刘伯坚在省四师求学两年的时间，正是他政治思想迅速升华的时期，也是他以爱国主义思想观察社会，进行社会活动的时期。省四师所在的万县，四川东面的门户，滨临长江，水陆交通便利，是川东、川北、鄂西、陕南的货物集散地。帝国主义列强，对这里早已垂涎三尺。当刘伯坚来万县读书的前两三年，就先后有日、美、英、法、德和丹麦等国的公司、洋行，在万县设立分支机构，购销和贩运桐油、山货、土产，进行经济侵略。当时万县已成为帝国主义掠夺中国的重要通商口岸。

省四师设在万县城东门外的文昌宫，一出校门就可俯瞰长江。每当课余，刘伯坚他们看到的，不是春潮渔火或秋帆远影，却是插着外国国旗的轮船，在长江里横冲直闯，肆无忌惮。眼睁睁瞧着帝国主义践踏着祖国的肌体，刘伯坚感到痛心疾首，忧心忡忡，他在作文里愤然写道：堂堂炎黄子孙，岂容洋奴欺辱，凡有血气之伦，莫不枕戈饮血……"

1915 年，国内外局势极其混乱。这年 12 月，窃取了中华民国临时大总统职位的袁世凯，竟宣布废弃共和，实行帝制要当皇帝。面对复辟势力，刘伯坚积极参加护国讨袁的行列，他异常愤恨地写道：再穿上黄马褂，是对民族的侮辱，时代的背叛。

当时的省四师，在川东北算是最高学府。第一任校长钟正懋（钟稚踞）曾留学日本。刘伯坚在省四师求学期间，正当国是纷争。钟正懋在学校提倡读书救国，并有意无意地将日本明治维新后实行资本主义的政治、经济、文化等各个方面的情况，介绍给广大青年学生，这就促使刘伯坚等部分激进学生的思想解放。勇敢地寻求新的救国救民的出路。这个阶段，他常对亲友说：你们喊我读 ' 书 '，可是，我这蛀书虫，要从书本里面跑出书外，去四方寻找救国之道，探索治国之术。抱定这个目的，1917 年秋天，刘伯坚告别万县省四师去成都。3 年后，即 1920 年，他为了寻求革命真理，去法国勤工俭学。1921 年与赵世炎、周恩来发起和组织旅欧少年共产党，从此走上革命征途。1922 年刘伯坚转为中国共产党党员，任中共旅比（比利时）支部书记，1923年秋任中共旅欧总支部第三届书记。这年11月，被党选派赴苏联莫斯科东方劳动者共产主义大学学习。学习期间，连任旅莫支部书记达3年之久。

1926年秋，刘伯坚受共产国际和中共中央委派，回国任西北军总政治部主任，培训干部，致力北伐。大革命失败后，去上海做党的地下工作。1928年春，受党的委派去苏联学习军事，在莫斯科出席了中共第六次全国代表大会。

1930年下半年，刘伯坚结束了在苏联的学习回国，到中央苏区工作，任中央军委秘书长、中华苏维埃共和国中央执行委员会委员，并担任苏区工农红军学校的政治部主任，先后培训了军事干部五六千人。1931年12月，参与领导和指挥了震惊中外的宁都起义，后任中国工农红军第一方面军第五军政治部主任。红军长征时，被派往赣南军区任政治部主任，留在中央苏区坚持武装斗争。

1935年3月4日，刘伯坚在江西仁凤地区率部突围时，弹尽负伤，不幸落入魔掌。

在敌人的监狱中，刘伯坚以共产党人钢铁般的意志，忍受着敌人的折磨和伤口的疼痛，同敌人进行了顽强的斗争，并给后人留下了光照千秋气贯长虹的英雄诗篇和书简，有的珍藏在北京中国革命历史博物馆。

《带镣行》

带镣长街行

蹒跚复蹒跚

我心无愧怍

市人争瞩目

带镣长街行

镣声何铿锵

世人皆惊讶

我心自安详

带镣长街行

志气愈轩昂

拼作阶下囚

工农齐解放

就义前给凤笙大嫂的信震撼人心："弟为中国革命牺牲毫无悔恨，不久的将来，中国民族必能得到解放，弟的热血不是空流了的。"就义前的第二封信，写给爱人王叔振，更写出了一个共产党人的伟大胸怀："你不要伤心。望你无论如何要为中国革命努力，不要脱离革命战线，并要用尽一切的力量教养虎、豹、熊三幼儿成人，继续我的光荣的事业。"

3 月 21 日，刘伯坚在江西大庾县英勇就义。

第二节　陈伯钧

陈伯钧出生于 1910 年 11 月 26 日，四川省达县（今达川）河市坝村的一个普通农民家庭。他的革命生涯始于加入中国工农红军，之后在党的领导下，参与了无数艰苦卓绝的斗争。

陈伯钧的革命生涯始于四川，他在万县省立第四师范学校学习期间，就已经开始参与进步学生运动。虽然在学校期间因参加进步学生运动被开除学籍，但这并没有阻止他继续投身革命。在后来的军事生涯中，他在多个部队中担任过重要职务，包括在红三军主力 7 师担任师长，红五军团担任领导人之一（参谋长），并在长征中调任红六军团军团长。

陈伯钧于 1927 年 5 月加入中国共产党，在革命生涯中，历任团部副官、新兵训练处主任、排长、教导队副队长、连长、纵队参谋长、军参谋长、师长、军长、军团参谋长、红军大学主任教员、军团长、旅长、抗日军政大学训练部部长、抗大第 2 分校校长、军事学院副教育长、保安司令部副司令员、军副参谋长、东北军政大学教育长、合江军区司令员、东北野战军上级干部大队大队长、兵团副司令员等职。

1934 年 10 月 18 日，在第五次反"围剿"失败的大背景下，陈伯钧率部开始长征。他指挥的十三师为红一方面军全军后卫，掩护兄弟部队先后突破敌人四道封锁线，亲率十三师在敌人夹击中打了一整天阻击战，十三师指战员前仆后继，终于掩护整个方面军渡过湘江。陈伯钧也因此在红军高级将领中获得了"铁屁股"的美誉。刘伯承元帅后来评价："十三师是我最放心的师！"

陈伯钧在长征前历经秋收起义、井冈山斗争、开辟赣西根据地、中央苏区五次反"围剿"，他英勇作战，多次负伤，又经过万里长征的千锤百炼，终得锻造成红军之骨干、将才！在中国工农红军一、二、四方面军胜利大会师前夕，毛泽东同志曾亲笔致函一位红军高级将领："伯钧同志：闻你在六军，为红军庆得干才！你的身体好否？同志都想念的。我们都好，相见之期不远，愿共努力！此致革命的敬礼！"

除了他在战场上的英勇表现，陈伯钧也是一位典型的革命知识分子，具有深厚的文化底蕴。他热爱阅读，善于思考，擅长写作，即便在忙碌的军旅生活中，他也坚持写日记，留下了数百万字的日记和文稿。毛泽东对他的才华给予了高度评价，称他为红军中的"干才"。陈伯钧日记的风格比较简练、真实，没有多余的修饰和叙述，但对他经历的大事都做了精彩的记录。陈伯钧以战争参与者的视觉大跨度地记载了中国革命战争的进程。从 1933 年的反"围剿"斗争、惨烈的湘江突围，到举世闻名的长征、与张国焘分裂路线面对面的斗争，以及亲自率领千军万马参加著名的辽沈战役、平津战役和湘西剿匪的传奇式经历。作者在日记中，不仅有对战斗场面的记录，有党内生活的记载，还有对日常生活、同志间的关系、个人感情世界的描述，可以说，陈伯钧日记全景式地不间断地记录了他的军旅生涯，为我们研究那段历史提供了珍贵的史料。在长征途中，红一、四方面军会合后，分为左路军和右路军，分两路北上。陈伯钧被分在张国焘领导的左路军中担任第 9 军参谋长。陈伯钧对张国焘暗地分裂党和红军的活动非常气愤。他在日记中写道："随军长、政委去张总政治委员处，听一般同志谈及一、四方面军纠纷问题，深为愤慨。""太白诗云：'蜀道难，难于上青天。'我虽生长蜀中，过去尚不以为然，至此，方证实。这亦证明我工农红军无坚不摧，无险不克！"

第三节　吴毅

吴毅，原名吴心仁，1907 年出生于忠县石宝寨。

1922 年，吴毅同三哥吴心俊（吴逸僧）一道，考入万县省立第四师范学校旧制师范班（第七期）。1923 年春，革命先辈萧楚女从重庆来省四师任教，作吴毅班上的级任兼语文教师。吴毅和哥哥心俊对萧楚女十分敬重，积极参加萧楚女倡导的择师运动，课余又参加肖组织的读书会，阅读《向导》《新青年》等进步书刊，响应萧楚女的号召：我们只有旗帜鲜明地走革命的路，进行反帝反封建的斗争，才能救国救民。

决心投身革命，在反对国家主义派和复古守旧派的斗争中，始终站在斗争的前列，并同朱亚凡等进步同学一起，组织学习励进会，还在校内外办墙报，宣传共产主义。吴心仁由于进步较快，萧楚女便介绍他参加社会主义青年团，并给他改名吴毅。

1923 年暑假，萧楚女因进行革命活动，遭到反动军阀和封建势力的反扑，被迫离开省四师，学校又以闹学潮等莫须有的罪名，将同萧楚女接近的吴毅等进步学生开除回家。

反动派的打击和迫害，更加坚定了吴毅的革命意志。1924 年，年仅 17 岁的吴毅，在亲友的支持下，到了当时的革命中心广州，考入广东大学（后改称中山大学），经常听取萧楚女、陈延年等著名共产党人的教诲，迅速成长为具有共产主义觉悟的战士，1925 年夏天，便光荣地参加中国共产党，不久，即调离学校到中共广东区委工作，曾做过广东区委书记陈延年的秘书。

1927 年 4 月，蒋介石叛变革命后，广州处于腥风血雨中。广东区委召开紧急会议，决定成立广州市委，指定吴毅为广州市委负责人，不久又被选为省委候补委员。八一南昌起义和 9 月秋收起义后，党中央指示广东省委武装起义。吴毅参加了领导起义工作的"行动委员会"。12 月 11 日，震惊中外的广州起义爆发了。吴毅身先士卒，带领一批工人赤卫队配合教导团，攻下了敌人的公安局。广州苏维埃政府建立后，吴毅又夜以继日地为新生的红色政权工作。

由于帝国主义对反动派的支持，广州起义失败了，许多同志壮烈牺牲。吴毅幸存下来，根据党的指示，和许多同志一起转移到香港，他负责安排转移同志的工作和生活，鼓励大家坚持斗争。

1928 年 3 月，吴毅被广东省委派回到白色恐怖笼罩的广州，重建广州市委,并任市委书记,开展地下斗争。4月吴毅当选为广东省委委员,后又当选为省委常委。由于左倾路线的影响,6月,广东省委决定在广州举行第二次武装起义大暴动,吴毅立即开会研究,认为广州正处于严重的白色恐怖下,党组织恢复不久,要举行武装起义有困难。但是党的指示要坚决执行。在起义的准备过程中,7月底,市委机关再次遭到敌人破坏,吴毅不幸被捕。敌人对他严刑拷打,要他交出共产党员、共青团员及工会干部的名单和联络暗号,他正气凛然,宁死不屈,坚决不向敌人吐露半点党的秘密,不久,遭敌人秘密杀害。牺牲时,年仅21岁。

第四节　江琬

江琬,1903年出生于万县武陵场。

1923年春,江琬以优异成绩考入万县省四师附小高二年级插班求学,恰逢革命先辈萧楚女在省四师任教,江琬聆听过肖老师的教诲,开始接触进步思想。第二年,江琬升入省四师旧制师范班继续学习。

1925年省四师成立话剧团,江琬任团长,排演反封建的新剧《孔雀东南飞》时,反串女主角,戏在万县城公演,引起轰动,各地纷纷邀请前去演出。1926年暑假,江琬带领剧团深入武陵地区,开展进步活动。当时正值大革命时期,他们组织回乡度假的进步同学四处宣传,唤起民众,协助当地成立乡农民协会、搬运工人协会和海员工人协会,并召集群众大会,宣传革命道理,带领大家向作恶多端民愤极大的武陵镇团总向春山进行斗争,在国民党万县县党部(左派)负责人雷德沛(共产党员)的支持下,并得到万县城里六七百名搬运工人、人力车工人、店员和市民的声援,江琬作为乡农民协会代表,与向春山在公堂上开展面对面的斗争，由于向春山霸占土地、毒打农民、明团暗匪抢劫商船、谋财害命等罪证确凿，迫使县长当堂宣布：撤销向春山的团总职务，收监听候发落。斗争取得了胜利，揭开了全县工农运动的序幕。

1926年冬，中共重庆地委候补委员李嘉仲来万县，担任省四师校长，并负责全县党团工作，江琬被吸收参加共产主义青年下川东革命摇篮团，并担任学生自治会主席，不久，万县学生联合会成立，江琬又当选为学生联合会主席。每逢节假日或各种纪念活动，江琬便带领学联宣传队走上街头，张贴壁报或召开群众大会，宣传革命真理以提高群众觉悟。经过革命斗争的锻炼，江琬逐渐成熟起来。学校学习。年底，他光荣地参加了共产党，并被组织上派往二十军军事政治

1928年6月，万县县委在万县策反军阀杨森部队兵变失利，县委书记曾润百、委员周伯仕、雷震寰等21人惨遭杀害，虎口余生的兵变领导人之一的秦正树，逃到忠（县）石（柱）万（县）边区的七曜山，改名秦伯卿，组建了一支农民武装平民革命军，秦请求万县党组织派人去该部加强政治工作，组织上便派江琬去秦部。他到平民革命军后，为了加强部队的政治工作，他向士兵们深入浅出地宣传革命道理，宣传党的远大目标和革命部队的性质和任务，使这支队伍不断扩大，兴盛时期达到千人以上，七八百条枪，威震四方。

当时，在附近地区活动的还有一支神兵武装，他们以封建迷信为精神支柱，打家劫舍，也同官府、团防进行斗争。为了加强革命力量更有力地打击反动军阀及土豪劣绅，江琬请示党组织同意后，决定只身前去收编这支"神兵"。

1929年底，江琬历尽艰辛，在湖北利川县野茶坝找到了这支神兵的一部，在接谈中，由于该部多数人信奉神灵，对革命缺乏了解，弄不

清什么是共产党，什么是国民党。加之队伍中有一小撮被土豪劣绅收买的地痞、流氓混杂其间，这些人对共产党及其领导的军队既怕又恨，硬说江琬是奸细，江琬惨遭暴徒杀害。

第五节　彭咏梧

彭咏梧，原名彭庆邦，1915 年 2 月出生于云阳县红狮乡。

1937 年秋天，彭咏梧考入具有光荣革命传统的省立万县师范学校。

一跨进这所学校，他便投身到革命激流中，积极参加各种抗日活动，不久，就成了中华民族解放先锋队的一员，他更加努力为革命贡献力量，舌战叶青，就是突出的一例。

为了打击省万师的进步势力，国民党政府万县行政专员公署特意搬来反动派的忠实走狗、大叛徒叶青到省万师讲"学"。叶青一登台，便大放厥词，只讲反共，不讲抗日。彭咏梧等进步学生越听越气愤，便向讲台上递条子，提出质问，有的还不住声地嘘起来。会场乱了，叶青未讲完就想溜，一走下讲台，就被彭咏梧等一群学生包围起来，你一言我一语，纷纷斥责他：你为什么口口声声说共产党的坏话，不谈抵抗日本帝国主义的侵略？日本强盗最恨共产党，你也恨共产党，请问叶先生，你到底是吃的哪家的饭？在彭咏梧等民先队员的带动下，同学们痛打落水狗，迫使叶青灰溜溜地夹着尾巴逃出了省万师的校门。

彭咏梧在斗争中一天天地成长起来，1938 年 10 月，由学校支部书记王庸介绍，光荣地参加了共产党。随着斗争的需要，不久便作分支书记。1939 年 6 月校总支书记王庸被迫离校，总支改为特支，彭咏梧作了特支书记，接替王庸领导全校党的地下斗争，直到 1940 年上半年，国民党反动派掀起反共高潮后，彭咏梧才撤离省师，成为职业革命家，在云阳、奉节等地活动，并于 1940 年接任云阳县委书记。1941 年秋，国民党反动派发动第二次反共高潮后，彭咏梧接受党的指示，移交了云阳县委书记的工作，来到重庆充实重庆市委，任市委第一委员。当时，重庆市委正着手重建，暂时没有市委书记，市委的工作便由第一委员全面负责。重庆当时是国民党政府的陪都，是反动派的党政军特势力集中地，充满白色恐怖。真是雾重庆，鬼世界。彭咏梧临危受命，在尖锐复杂的地下斗争中，为了党的利益，他抓住一切时机进行特殊的战斗，从未使党受过损失。解放战争时期，为了向中外反动派示威，1947 年 1 月 6 日，他根据中共中央南方局和四川省委的指示，具体负责组织领导了重庆 63 所大中学校的 16000 多名师生进行抗议美军暴行大游行，大游行胜利结束后，又进行反美抗暴的宣传，使反帝爱国的怒火，燃遍了重庆的城镇和乡村。老彭为此受到中共中央南方局和四川省委的表扬。

1947 年初夏，重庆出版了党的地下报纸《挺进报》。《挺进报》是重庆市委的机关报，市委分工由彭咏梧负责创办，并具体领导秘密收录新华社广播及编辑、出版、发行等工作。

彭咏梧在重庆工作时，于 1943 年初秋，与重庆新市区委委员江竹筠（江姐）结识。组织上派江姐协助老彭工作，与他扮作夫妻，好使党的工作更好地开展。1945 年暑假，经组织批准，彭咏梧和江姐结婚。

1947 年秋天，党的川东临委确定临委委员彭咏梧和爱人江姐一起到下川东领导武装斗争，开辟第二战场他们毫不犹豫，把一岁半的小儿子彭云寄放在亲友处，欣然走上征途。

11 月下旬，彭咏梧到了万县，参加下川东地工委工作，做得工委副书记，接着又东下云阳，在农坝乡的鹿塘坪召开会议，正式成立武装部队川东民主联军下川东纵队（后改名中国共下川东革命摇篮共产党川东游击纵队）彭咏梧任政治委员、赵唯任司令员，并根据地域划分，下设巴北（长江以北的大巴山区）、奉（节）大（大宁，即巫溪）巫（山）、七南（长江以南的七曜山区）、开县等支队。会后，彭咏梧立即带领江姐等到工作基础较好的奉节青莲乡，领导奉大巫支队开辟游击区，于1948年1月9日举行武装起义，出师袭击云阳南溪镇，缴获机枪1挺、步枪52支、手枪6支，各种子弹6挑，还有其他军需物资，起义取得了预期的胜利，但也遭到敌人重兵的追击。

1月16日清晨，彭咏梧带领起义部队向大巴山深处转移途中，在奉节、巫溪交界的鞍子山暗洞包遭敌军围击，突围时，他为救受伤的战友身中数弹英勇牺牲。临死前，为了保住党的机密，他将一张写着去云阳接关系的小纸条，从身上摸出来，塞进嘴里，细细咀嚼后咽下肚里。

敌军为了发泄对共产党的刻骨仇恨，砍下彭咏梧的头，强迫一个农民挑到五六十里外的奉节竹园坪场上挂在城楼和下拱桥边的麻柳树上示众。3天以后，老百姓偷走了人头。场边的宝塔梁上增添了一座新坟。

下川东人民为了纪念这位为人民解放事业抛头颅洒热血的彭咏梧烈士，万县市党史陈列室专门陈列了他的事迹；他家乡云阳在县城中心的广场塑起了彭咏梧和江姐的全身塑像；在他牺牲的地方专门竖立起一块纪念碑，奉节县城内还专门修建了彭咏梧烈士陵园供世人瞻仰。

第六节　蓝蒂裕

蓝蒂裕，又名兰俊安，1916年出生在垫江县沙坪乡一贫苦农民家。

蒂裕5岁时，父亲被恶霸逼死，母亲带着他到梁山改嫁。1937年，蓝蒂裕在梁山初级中学毕业后，无钱升学，便去回龙小学任教，在共产党员、校长田稷的教育帮助下，积极开展抗日救亡活动。

1938年1月，蓝蒂裕从报纸上看到南京沦陷的消息后，他痛彻肺腑，长夜不眠，愤然写下自己的心声！

风雨飘摇，

板荡神州，

展望祖国，

半壁河山谁主沉浮？

写到此，他再也写不下去了，竟号啕痛哭起来。

几天以后，他在未完成的诗章末尾，划了一个——，然后工工整整地写上中国共产党五个大字。

于是，一首充满爱国激情的诗篇完成了：

风雨飘摇，

板荡神州，

展望祖国，

半壁河山谁主沉浮？

——中国共产党！

1938年春节后，蓝蒂裕考入四川省立万县师范学校，通过革命斗争的锻炼，他的思想觉悟提高很快，这年冬天，他在学校里参加了共产党。不久，担任了八班甲组支部书记，带领同学，积极开展抗日救亡活动，并培养发展了10多名党员。

学校当局，秉承主子的反动意志，在学校进行种种反共活动，妄图控制学生的思想，处处给学生出难题，要学生打绑腿，剃光头，参加三青团等等，这些都遭到学生拒绝，蓝蒂裕团结同学，借此与校方进行斗争。

一天早操时，军训教官发口令叫同学们跑步，才跑两圈，蓝蒂裕第一个站出来：报告教官，绑腿散了！便退出队列打绑腿，接着第二个同学也站出来报告：绑腿散了，要打绑腿！第三个、第四个……接连不断的学生喊：绑腿散了！气得教官吹胡子瞪眼睛，高喊：蓝蒂裕入列！蒂裕入列跑了两转又呼喊：报告，绑腿散了！要求出列打绑腿，教官却说：不行！蒂裕早有准备，带着散了的绑腿使劲向前冲，哗啦一声，脚下绑腿被后一个同学踩上竟跌倒了，顿时秩序大乱。教官喊：蓝蒂裕出列！并气势汹汹地说，你捣乱，为啥不早些打好绑腿？蒂裕回答：这么多人都捣乱吗？散了绑腿应打好才跑，你不允许，怪谁？全操场同学大声说：蓝蒂裕没有捣乱！教官狂吠：谁在瞎闹，站出来，通通开除。军令如山，人人服从！欲举手打蒂裕，同学们高喊：反对法西斯教育，不准打人，一时，不准打人的吼声震天，直气得这位特务军训教官发抖，宣布其他同学解散去上自习，把蓝蒂裕带到办公室审问，又到他教室书桌下、寝室床铺下和竹箱中去检查，均一无所获。从此，反动的学校当局，便对蓝蒂裕十分注意。1939 年国民党发动第一次反共高潮，组织上便通知蓝蒂裕立即撤出学校，辗转于重庆、北碚、江北、垫江等地，以教书为掩护，从事工运、学运等工作。

1947 年秋，党组织派蓝蒂裕到忠（县）垫（江）梁（山）3 县边区发动群众，为武装斗争做准备。并任梁垫特支书记。1948 年 12 月 10 日，他不幸在梁山荫平乡大坪寨被捕，被关进梁山县监狱。第二天，蒂裕的妈妈来送饭，满脸泪痕，他强忍悲痛安慰老人："妈妈！您不要哭，哭有啥用！您的儿子是为天下受苦受难的穷人翻身干革命的。坐牢并不可怕，您应该放宽心些。"狱中所有犯人都为之感动。他不怕敌人严刑逼供，公开宣传共产党的主张，教大家唱革命歌曲："遍地花儿开，解放军就要来。眼看那个蒋介石，很快要垮台！"

蓝蒂裕一跨进敌人的监狱，就开始酝酿给孩子留下遗诗，曾以《留给孩子的话》为题打腹稿，并念给难友听。念完后他深情地说：为了千百万个孩子不再受难，个人生命何足惜！

不久，蓝蒂裕被押解至重庆中美合作所渣滓洞集中营。

1949 年 10 月 28 日，蓝蒂裕被国民党反动派以共产党要犯的罪名在重庆大坪公开枪杀了。就义前夕，他怀着对新中国对下一代深深的爱，怀着对旧社会对敌人满腔的恨，在自己生命的最后时刻，用真挚的情感，饱蘸着沸腾的热血，写下了惊天地泣鬼神的不朽诗篇《示儿》：

你——耕荒，

我亲爱的孩子，

从荒沙中来，

到荒沙中去。

今夜，

我要与你永别了。

满街狼犬，

遮地荆棘，

给你什么遗嘱呢？

我的孩子！

今后——

愿你用变秋天为春天的精神，

把祖国的荒沙耕种成美丽的园林！

第七节　胡作霖

胡作霖，1917年出生于开县临江镇一个中医家庭。

1934年秋，胡作霖考入万县省四师的初中班学习。当时，党领导的万县第二次兵变刚失败，1个月前，万县县委书记邓递明、委员何超腾、吴体珂、曹世新、朱斌等被军阀王陵基惨杀，何超腾曾在省四师任过教，吴体珂、曹世新曾是省四师的学生，在学校入团入党，走上了革命征途，直到为革命献出了宝贵的生命。这使胡作霖对革命者无限敬仰，开始懂得了要革命就会有牺牲。

1937年夏天，胡作霖就要初中毕业了。毕业前夕，抗日战争的炮声响了，有志的青年个个热血沸腾。在举行毕业典礼时，平时以唱歌出名的胡作霖，领着大家高声唱起了"起来，不愿做出奴隶的人们……"

1938年冬天，胡作霖在重庆读重属联中时，参加共产党。入党不久，曾在学校聆听过周恩来同志的讲演，讲演结束时，胡作霖遵照支部的嘱托，和其他几个进步同学一起，请周恩来同志为同学们题词："伟大的抗战时代，不要使他空空过去，青年们，要努力学习，学习，再学习！"这使胡作霖受到很大的教育和鼓舞。

1941年暑期，胡作霖结束了高中的学习，考入复旦大学新闻系，1945年毕业后，到重庆《新民报》作外勤记者，采访社会新闻，他随报社进步记者一道，深入社会最底层，以笔作投枪，去戳穿旧社会的窟窿，戳破重庆的阴暗角落，让广大读者看看人世间的灾难，芸芸众生的苦处，他写过重庆失业大军的就业难，曾为成干的码头工人和五六百在码头上下苦力的童工处于半失业的状态而鸣不平，更为4000多名失业军官生活无着在堂堂陪都露宿街巷而采写了《忍饥露宿关庙者，曾是沙场喋血人》，在社会上引起极大震动。他采写过烟毒如何在重庆在西南为害，写过重庆如何打杀成风、盗匪遍地，外国大使馆也被盗，国防部长白崇禧的公馆也遭到抢劫。他的笔，还触及那些倚门卖笑的神女，一万多流浪儿童《生活在人间地狱，不幸的野孩子群象》的苦难生活，更报道过《洪水洗劫壁山记》。在这同时，胡作霖以饱满的政治热情，置身在民主斗争的行列，报道了国民党反动派如何破坏民主，破坏旧政协会议的《沧白堂口打手行凶》及校场口事件等。1947 年初，为了抗议美军强奸北大女学生，重庆展开了规模巨大的反抗美军暴行的学生运动，胡作霖亲自在沙坪坝区深入学生群众，采访报道了 1 月 6 日重庆 3 所学校 16000 多大中学校师生高举爱国主义大旗，举行声势浩大的游行示威。

反动派早就把胡作霖视为眼中钉，1947 年 6 月 1 日重庆大逮捕时，胡作霖第一次被捕，过堂受审后，他为了坚定同时被捕的另一进步记者姚江屏的斗争信念，挤到小姚身边，悄悄哼了一句："英特纳雄耐尔，就一定要实现！"

自从胡作霖等 100 多人被捕后，社会舆论哗然，各学校又罢课声援，反动当局只好将这些人分批交保释放。

胡作霖出狱后，继续到《新民报》作记者，采访社会新闻，1948 年 2 月，因写了国民党特务机关斩杀幼童喂警犬的消息，揭露了反动派残杀人民群众的罪行，6 月 7 日，重庆反动当局再次将他逮捕，关押进"中美合作所"渣滓洞监狱。在狱中，他曾将叶挺将军的不朽诗章《囚歌》谱成曲，作为渣滓洞的洞歌在难友中传唱。

1949 年 11 月 27 日，敌特在"中美合作所"进行大屠杀，胡作霖面对枪口，领头高唱《国际歌》，英勇就义。

第十一章　讲好红色校史故事

重庆幼儿师范高等专科学校，这所承载着深厚文化底蕴和光荣历史使命的学府，其办学历史可追溯至 110 年前。在这漫长而辉煌的百余年岁月里，学校不仅见证了中国的沧桑巨变，更是跨越了波澜壮阔的百年中国革命历史。这段历史，如同一部生动的教科书，蕴含着丰富的校史教育资源，为学校的师生提供了宝贵的精神财富和前进动力。在风雨飘摇的革命年代，学校师生积极参与各种革命活动，为中国的独立和解放事业做出了积极贡献。这些历史记忆，不仅凝聚了学校师生的共同记忆，也铸就了学校独特的文化品格和精神风貌。

第一节　钟正懋提倡读书救国

省四师创立的时候，正值辛亥革命发生后，腐朽的清王朝被推翻了，两千多年的封建帝制结束了。中华民国建立起来了，民主共和的观念逐渐深入人心。和全国人民一样，万县人民的思想也得到了空前解放，废科举，办新学。省四师正是在这样的历史背景之下诞生了。它一成立，便像一座闪光的灯塔，吸引着在茫茫苦海里寻求救国救民之路的千百学子。不久之后，辛亥革命的果实被袁世凯窃取，中国处于黑暗的北洋军阀统治之下。

省四师校长钟正懋曾留学日本，1918 年学校从文昌宫迁到城郊亢家湾时，学校礼堂，教室等建筑，都一一模仿日本学校的模式修建。当时国事纷争，钟正懋便在学校提倡读书救国，并有意无意地将日本明治维新后实行的资本主义政治、经济、文化等各个方面，介绍给广大青年学生，使学生开阔了眼界，接触了新思想，促进了部分激进学生的思想解放，勇敢地寻求新的救国救民出路。如刘伯坚在省四师成立第二年便从川北大巴山腹地步行 580 里山路来到学校求学，受革命影响，政治思想迅速升华，是当时在省四师求学的觉醒一代青年的代表。1917 年初秋离开省四师。三年后去法国勤工俭学，参加了由周恩来、赵世炎发起组织的旅欧少年共产党，成为一位伟大的共产主义战士。

1919 年，具有划时代意义的五·四运动爆发了，省四师的同学们有了新的觉醒，他们和全国学生一样，进行反帝反封建的革命斗争。走上街头，参加游行示威，铲除了街市上的日本人丹广告；万县的日本三菱公司雇力夫运桐油上船，经学生劝阻，力夫全部散去。1920 年 6 月，省四师遭到匪劫，数十名教员被绑走，有一人被打死，七人被击伤。这是军阀统治下，教师身心受到严重摧残的血证。

第二节　萧楚女撒播革命火种

1923 年春，第一次国共合作和大革命前夕，四川人民饱受军阀混战和帝国主义入侵之苦。此时，受省四师校长刘明扬聘请，萧楚女由重庆来到省四师任教国文课，他将共产主义的点点星火，撒向了省四师这片热土。

萧楚女来省四师后，担任国文课教学。他把课堂当作战场，自编教材，将鲁迅的作品和《新青年》《向导》等书刊上的文章选作教材供学生学习，在同学中组织读书会，指导青年课余阅读《共产党宣言》等书刊，用马克思主义的思想来灌输青年学生头脑。

省四师校长刘明扬是国家主义派，鼓吹内除国贼，外抗强权，把矛头指向中国共产党和帮助中国革命的苏联。还散布什么挽救中国之道，只有立足于国家主义而不立足于共产主义的谬论。又让一些国家主义派的骨干分子霸占着讲坛。萧楚女通过课堂、读书会、墙报及其他各种活动主动出击，旗帜鲜明地反对国家主义，向广大青年学生明确指出：只有反帝反封建，走革命的道路，才能挽救中国。萧楚女掀起了一个择师运动，鼓励学生成立学生自治会，让学生自己管理学习，生活等事。还教育学生多参加劳动。他生活俭朴，把每月薪金的大部分拿去做发展革命事业的经费。

萧楚女在省四师的革命行动，招来了守旧派和国家主义派分子的忌恨和排挤。1923年萧楚女离开省四师。萧楚女在万县的时间只有近半年，但他却在省四师这块处女地上，深深播下了革命种子。他在学生中组织学习励进会，积极进行团组织的建立准备工作。省四师在下川东建立了第一个社会主义青年团组织，发展了吴毅（吴心仁）、朱亚凡（朱泽淮）、吴逸僧（吴心俊）、郑叔伦等为团员。这些团员在以后的革命斗争中，都作出了极大的贡献，甚至献出了宝贵的生命。如吴毅参加了1927年12月的广州起义，成为起义的组织者和领导者之一，起义失败后牺牲于广州，年仅21岁。他的胞兄吴逸僧离开省四师后，追随萧楚女，考上了武汉中央军校，后来回到忠县家乡开展武装斗争，担任了秦伯卿组建的共产军的政委，为革命鞠躬尽瘁。朱亚凡后来入了党，坚持战斗。1940年3月，在国民党顽固派制造的反共活动成都抢米事件中被捕，与罗世文、车耀先等一起被害。

第三节　徐尧琴转战省万师，喜看星火正燎原

抗日战争胜利不久，1946 年 6 月，蒋介石又挑起了全面内战。下川东的红色堡垒省万师，成了国民党反动派的重点"扫荡"对象。

1946 年下期，省万师来了新校长康定夏，他是震惊全国的成都"抢米事件"的罪魁祸首。他任省万师的校长时，学校中统特务分子多达几十人。有一个班共 40 多个学生，其中的特务分子就有 10 人。他们监视进步师生，破坏党的地下活动，其反动气焰十分嚣张。

就在这年秋天，共产党员徐尧琴冲破重重阻挠，重返万县执教。他是抗战初期入省万师师八班的学生，深受进步思想影响，后读西南联大时加入中国共产党。1946 年 5 月，党组织派他回家乡万县开展工作，他先到川东日报社与向晓等编辑《川东文艺》专刊，在写的《绿城，我歌颂你》一文中，提倡"青年们要敢为天下先"。后做记者时因在采写的新闻中揭露了国民党的腐败和反动，引起反动派的注意，于是很快转到省万师，教全校的历史课兼 23 班级任。

针对省万师学生大都家境贫寒，思想进步，徐尧琴决心把学生们发动起来。他把课堂当战场，借用历史课"纵横八万里，上下几千年"的特征，把历史课作为现实斗争的武器。在课堂上徐尧琴大讲我国历代大奸大盗可鄙可悲的下场，影射四大家族必将瓦解，蒋介石必将被人民钉在历史的耻辱柱上，使学生知古而鉴今。课外他又组织读书会，指导学生，读《中国史纲》《论联合政府》等革命书籍，报刊。还将他亲自参加的 1945 年底昆明青年学生反对国民党内战的"一二·一"惨案的史料照片和一整套《学生报》介绍给部分学生秘密传阅，并组织社团，如"流萤""学习""虎哨"等，通过写作、唱歌、戏剧等活动来宣传

革命思想，抵制反动、黄色思想对学生的侵蚀。

在写作上，针对个别特务学生歪曲历史，硬说"秦桧是大忠臣，岳飞是大奸臣"的胡言乱语，徐尧琴在《川东日报》发表了《岳飞与秦桧》等文，批驳上述谬论，揭露国民党曲线救国反动主张。《论林则徐》则颂扬了林则徐的反帝精神。《论标准暴君亚历山大》一文，借批沙皇亚历山大来批蒋介石的穷兵黩武，此文还在重庆出版的《人物》杂志上登载，获得了各方面的好评。

在歌唱上，徐尧琴配合进步的音乐教师候守桐，在学生中广泛教唱《山哪边哟好地方》《古怪歌》《茶馆小调》等革命和进步歌曲。在各种场合时时都能听到同学们的歌声，反动当局也无法禁止。他们还一起排演了进步话剧《杏花春雨江南》。

徐尧琴回万师开展工作时，由于未能与地方党组织接上关系，因此，未在省万师发展党员和建立党的组织。

1948年4月，重庆发生了《挺进报》事件，重庆党组织遭到严重破坏。在叛徒的指引下，6月，下川东地工委也遭到破坏，江姐、雷震、李青林等10多人被捕。徐尧琴在省万师进行的种种革命活动，引起了特务的严密注意。7月，徐尧琴向同学们讲了最后一节历史课，宣告敌人必败，我军必胜。然后撤离万县，转移到川南自贡开展工作。

同月，当下川东的党组织遭破坏后，党的川康特委指示四川大学党支委成员何懋金，带领万县籍地下党员郝耀青等5人组成川东工作队，回万县开展工作。其中女党员唐万宇通过上层关系，打入省万师任教。当时，省万师校长晏懋炳是反动的中国青年党党棍，一贯的反共反人民，对学校控制极严。唐万宇只能组织和指导少数学生阅读一些社会科普读物和鲁迅、茅盾、巴金等进步作家的作品，以及苏联小说《铁流》等。

1949 年上期，晏懋炳还是对唐万宇产生了怀疑，解了她的聘。不久，川东工作队何懋金等 3 人因叛徒的出卖而相继被捕，唐无法立足，只好离开万县。

从 1949 年上期起，随着解放战争的发展、反动派对省）师的控制日紧一日，晏懋炳等不仅在学生中组织反动社团，发展反动组织，解放前夕，更逼迫部分学生参加反动军队，为国民党当炮灰卖命，整个学校被闹得乌烟瘴气。

解放战争时期，在校外坚持革命斗争的校友，却是另外一番景象，他们把上下川东的武装斗争搞得轰轰烈烈。原学校特支书记彭咏梧做下川东的地工委副书记兼川东游击级队政委；原学校总支书记王夔做了川东游击纵队奉大巫支队司令员，他们领导了震慑敌胆的奉大巫起义，并亲自参加前线战斗。彭咏梧牺牲在战场上，还被反动派割下头颅示众。党员温可久、石文钧、李吉光、秦渊、陈绩、兰蒂裕、谭悌生、刘直大、余从富、赖德国、师韵文等都直接参加了奉大巫、华蓥山、川鄂边的武装起义及其后勤、联络等工作。其中，兰蒂裕、石文钧、赖德国、师韵文等同志，连同后来参加组织反对国民党反动派斗争的党员黄南材、胡作霖、赵晶片，进步人士袁德朗等，被国民党反动派逮捕后押往重庆，解放前夕均被惨杀在重庆"中美合作所"—渣滓洞集中营，为中国革命流尽了最后一滴血。

武装斗争告一段落后，在统战策反，迎接解放的工作中，王夔、谭悌生、姜国馨（江伯言）、秦朝亨、王秉楠、文克勤等原省万师入党的党员，都出色地完成了一个地区、一个县迎接解放的艰巨任务。

1949 年 10 月 1 日，中华人民共和国成立。1949 年 12 月 8 日，万县宣告和平解放！鲜艳的五星红旗，高高飘扬在亢家湾省万师的上空。

在长达二三十年的战斗历程中，省万师为革命培养和造就了数以百计的革命英才，这些革命前辈和先烈们，为了人民的解放，为了新中国的成立，建立了不朽的功勋，他们的名字，将永远镌刻在历史的丰碑上。省四师、省万师不愧是下川东的革命摇篮。

第四节　省四师足球队雪耻

1927 年 3 月底，重庆发生了震惊全国的三·三一惨案，全川的工农运动受到严重挫折。省四师教导主任，共产党员任梓勋向全体同学报告了惨案经过和革命受到的损失后，全体同学莫不悲愤填膺。校长李嘉仲当时正在云阳筹建国民党（左派）县党部，他感到在下川东再难立足，4 月 1 日便从云阳乘船东下去武汉，向党中央汇报工作。杨森派他的私人秘书唐士心来做校长，省四师重又落入反动派的控制之中。

蒋介石在上海发动四·一二反革命政变后，省四师的党团员立即把矛头直指蒋介石，有的给蒋画了很大一幅漫画，旁边写上：我是总理的唯一信徒。稍后，二十军军党部的共产党员在万县发起组织了万人讨蒋锄奸大游行，省四以示反蒋决心。省四师的党团员带领全体同学，步行 10 多里，到万县城参加游行，6 月，军阀杨森投靠蒋介石，背叛了革命。万县党组织发动了一次讨杨叛变的活动。省四师党团员积极参加了张贴标语和散发传单，恰逢夜雨，大家不辞辛苦，冒雨在全城贴满了"打倒杨森"的标语。

蒋介石镇压革命的清共运动在全国开展后，省四师成了下川东清共的重点。以任梓勋为首被迫离校的党团员，先后不下 50 人。留下来的党团员采取多种形式继续坚持斗争。1927 年冬，党的四川临时省委派人来万县清理组织，专门到省四师召集任志云、江琬等 10 多个留校的党员秘密集会，传达中央八·七会议精神。1928 年 2 月中旬，省四师的任志云、宋毓萍，到巴县铜罐驿参加了四川省委成立大会，并贯彻八七会议关于土地革命和武装起义的精神。任、宋二人参加了《四川暴动行动大纲》的制定。接着，江琬、李允、李同三人又到重庆参加了由省委书记付烈主持的武装训练班。三人回万后，一面教书或读书，一面开展党团活动。党组织还派江琬、李允去女师校以兼课为掩护，在各班建立了团支部发展团组织。后又由省四师和女师的团组织在万县城区创办了四所夜读校，宣传马列主义，提高工人的文化水平和政治觉悟。

1928 年 6 月，党的万县县委书记曾闰百和县委委员周伯仕、雷震寰贯彻临时省委巴县会议精神，组织万县兵变，任志云便在省四师动员一批进步同学积极准备参加。不幸兵变失败，以上三位县委领导人被杨森枪杀于鸡公岭，任志云幸免于难。

虽然万县兵变失败，但省四师的党团员和广大同学，并未被反动派的屠杀吓倒。他们改变了斗争策略，于表面不再锋芒毕露，大家的兴趣和精力，由参加革命活动转为爱好新文学，不少同学还提笔作诗，写小说，编戏剧，并组织新闻研究社。而实际上，大家坐下来学理论，总结过去斗争的经验教训，探讨新的革命途径。一遇到有利时机，便又进行反帝反封建的斗争。如省四师足球队打败英舰足球队一直被群众传为佳话。

九·五惨案死难者的血迹还未干，投蒋的杨森，就向英帝妥协投降，还奴颜婢膝地组织御用九·五足球队，专与英国军舰队的足球队进行所谓友谊赛。球队假借九·五之名，实际上是想借此来抹掉万县人民心中对英帝制造九·五惨案所种下的仇恨。

当时，省四师体艺组负责教师是北师大体育系毕业的共产党员何超腾。他于1926年下期来校任教。他提出为打倒帝国主义，打倒军阀而进行体育运动。在他的严格训练下，体艺组的足、篮、排球队在各种场合比赛中，均屡战屡胜，素负盛名。因此，杨森指名要省四师足球队员参加九·五队与英舰白雀号足球队比赛。

由于九·五队不重团结和配合，前两次比赛均失利。以何超腾为首的省四师爱国师生，憋着一股气，为了给九·五惨案雪耻，为中国人民争气，加紧训练，要校长唐士心向杨森转达了要打败白雀号球队的决心，并立下"军令状"。在第三场比赛时，杨森也坐到主席台上观战。队员们怀着雪耻的决心，充分发挥自己的水平和特长，终以2:0战胜白雀队。顿时，球场上万众沸腾，胜利的消息迅速传遍万县全城。1928年10月，何超腾又指导省四师的篮球队和排球队，打败了停泊在万县的美国军舰上的篮球和排球队。何超腾是反帝英雄。四师球队的胜利，受到万县人民长时间的赞颂，杨森虽曾为省四师的胜利喝彩叫好，但他不失军阀本性，为了讨好英方，只好迁怒于省四师，说不该穿校服上场，一气之下，竟将校长唐士心撤换了。

第五节　闹学潮赶走反动校长肖秉廉

1925年，第一次国共合作开始进入高潮。五卅惨案后，反帝反封建的群众运动在全国各地普遍开展。省四师学生在革命形势推动下，掀起学潮反对推行专制统治的校长孟坤泰，孟勾结反动军阀进行镇压，学潮失败了。领导学潮的左正凡同学被学校开除，引起社会上公众的不满。反动当局迫于舆论压力，撤换了孟坤泰，把国家主义分子肖秉廉派到省四师当校长。

肖秉廉在校积极维护军阀统治，反对北伐，阻止学生追求进步，并邀请国家主义派头目李璜来校作反动宣传，提出青年学生不要过问政治和国事，免误学业的反动主张，不让学生过问学校行政事务，更不让学生集会结社和办壁报，在学校实行专制主义。为了钳制学生的思想，禁止学生学习《新青年》《向导》等进步刊物，强要学生阅读国家主义派办的《醒狮》周刊。学校经济不公开，学生伙食极坏，课程繁重，身体素质极差。因此激起学生对肖秉廉在校的专横统治十分不满。

1926 年 8 月，北伐战争节节胜利，工农革命运动蓬勃发展。国民党左派县党部筹备成立，在省四师发展了一批国民党左派党员，并组成特支。

1926 年 9 月 5 日，震惊中外的万县九·五惨案发生了。英帝国主义在长江上用舰炮轰击万县城，炮击点达 33 处，打死打伤居民千余人，击毁商店、房屋千余间，财产损失达 2000 多万银圆。英帝国主义的暴行，激起了全国人民的愤怒。省四师学生在左派国民党党员的带领下，组织了抗英宣传队，走上街头张贴标语，散发由陈毅起草的《万县雪耻会宣言》。举行讲演，积极参加抗英群众大会，成立学生纠察队，查封旧货，防止奸商和洋奴们为侵略者偷送粮煤。一些同学还冲上英舰，缴获了船上的钢琴。

同学们的反帝行动，却激怒了同帝国主义串通一气的国家主义分子肖秉廉，他污蔑学生的反帝爱国行动是不务正业越轨行为，横加阻挠。学生要求成立自治会，也遭到他无理拒绝。1926 年暑假，肖秉廉对进步学生陈国懋（陈伯钧）、王仁广等人以"该生等不思教诲，下期毋庸来校"予以斥退。这激起了全校同学的公愤，一场轰动川东北的驱肖学潮掀起了。

下期开学后，学生便酝酿罢课。由学校国民党左派负责人吕在和出面召开了驱肖动员大会，宣布肖的"十大罪行"。国民党左派党员李文晋带领同学们高喊："打倒肖秉廉！"肖秉廉气急败坏，伺机报复。10 月，肖秉廉勾结万县军阀杨森的秘书长童季龄，童通知万县知事，调一排的警察，交肖秉廉带来学校镇压学生。肖回到学校就将学生紧急集合起来，学生领袖吕在和先发制人，借同学集合之机，再次揭露肖秉廉的"十大罪行"。于是肖秉廉便点名抓走吕在和、彭志行、李文晋、林闻声、王树绩等五人。警察的暴行激起了在场学生的极大愤怒，顿时高呼：赶走肖秉廉，打倒狮子狗！肖秉廉得寸进尺，让武装人员包围学校，设下岗哨，强迫学生"悔过"。学生威武不屈，提出不赶走肖秉廉，就不复课！第二天，肖又以莫须有的罪名将何锡九等 13 个同学挂牌斥退，逐出学校。于是同学们便纷纷离校，来到万县城住下，继续进行驱逐斗争。办了《驱肖特刊》油印小报，并派代表到政府部门、县党部请愿，得到国民党左派县党部书记雷德沛的支持，将学生的《请愿书》公开刊登在《万县时报》上，获得了社会的同情和支持。同时，学生们又派出刘绍明、孙凯等四人作代表，分别到宜昌、武汉和重庆等地向有关部门汇报和上诉。由于武汉国民政府的干预，杨森迫于革命形势，从宜昌电令童季龄："立即释放学生，撤销肖秉廉校长职务"。驱肖运动，终于取得了彻底胜利。

第十二章　传承红色校史文化

学校注重红色文化传承，提炼出熔铸红色师魂的八字诀：领导干部在"领"上做示范；阵地建设在"做"上下功夫；课堂教学在"学"上耕耘；课程思政在"融"上创新；高校联动在"联"上聚合力；学生成长在"行"上搭台；共建共育在"引"上出实效；理论探索在"研"上结硕果。通过挖掘红色校史文化资源，打造红色校史育人坐标，创新红色"四创行动"，拓展红色校史育人实践活动等路径，在传承红色文化方面取得良好育人效果。

第一节　挖掘红色校史文化资源

一所与中国共产党革命历史进程紧密结合的高等学校，确实可以从中国共产党的精神谱系中汲取源源不断的精神力量。中国共产党的精神谱系是党在长期的革命、建设和改革实践中形成的宝贵精神财富，它包括了坚定的理想信念、不屈不挠的奋斗精神、勇于创新的开拓精神、为民服务的奉献精神等多个方面。对于高校来说，这种精神谱系不仅可以作为思想政治教育的重要内容，引导师生树立正确的世界观、人生观和价值观，还可以激励师生在学习、科研和社会实践中不断追求卓越、勇攀高峰。同时，高校还可以通过深入挖掘和传承党的红色资源，开展形式多样的红色教育活动，增强师生的历史使命感和责任感，培养更多具有家国情怀、责任担当的优秀人才。

从重庆幼儿师范高等专科学校百年来与中国革命历史进程同频共振，同呼吸共命运，先后有多名教师、学生走上革命道路，涌现出数名红岩英烈、志愿军战士，他们身上的精魂成为后代师生学习源源不绝的精神财富。

一、挖掘百年校史中的中国共产党精神

一是伟大建党精神。

伟大建党精神，其内涵丰富而深远，包括坚持真理、坚守理想，践行初心、担当使命，不怕牺牲、英勇斗争，对党忠诚、不负人民。这些特质共同构成了中国共产党的精神之源，体现了党的初心和使命，也是激励全党不断前进的强大动力。重庆幼儿师范高等专科学校与中国共产党同呼吸共命运，百年校史文化中吸取了丰硕的建党精神。

坚持真理、坚守理想是建党精神的核心。它要求共产党人在面对各种困难和挑战时，始终坚定共产主义理想信念，不为所动，始终保持对马克思主义的信仰和对社会主义的执着追求。这种坚定的理想信念是党的凝聚力、战斗力的源泉，也是共产党人能够始终保持先进性和纯洁性的根本保证。践行初心、担当使命是建党精神的实践要求。中国共产党一经成立，就把为中国人民谋幸福、为中华民族谋复兴确立为自己的初心使命。这就要求共产党人在实际工作中，要时刻牢记自己的职责和使命，以实际行动为人民谋利益、为民族谋发展。不怕牺牲、英勇斗争是建党精神的体现。在革命战争年代，无数共产党员为了党和人民的利益，不惜牺牲自己的生命。这种敢于斗争、勇于牺牲的精神，是党的宝贵财富，也是激励后人奋勇向前的强大精神力量。对党忠诚、不负人民是建党精神的根本遵循。对党忠诚，就是要对党的事业无限忠诚，为党的事业不懈奋斗；不负人民，就是要全心全意为人民服务，为人民利益不懈奋斗。

二是红岩精神。

红岩精神孕育于抗日战争和解放战争的烽火岁月，它源于以毛泽东为代表的中国共产党亲自指挥，以周恩来为首的中共中央南方局，在国民党统治的陪都重庆，为争取抗日战争的胜利、实现民族独立和人民解放而进行的伟大革命实践。在这段复杂而艰难的社会背景下，学校孕育并培养了 11 名红岩英烈，为革命事业贡献了重要力量，被誉为"下川东革命摇篮"。

如今，这些红岩英烈的学籍档案被珍藏在学校的校史馆中，它们不仅是学校第一个百年育人历程的见证，更是激励和陪伴学校迈向第二个百年育人征程的宝贵财富。这些档案为培育和践行社会主义核心价值观提供了现实路径，为迈向第二个百年强国梦的新征程提供了强大的精神动力，同时也为当代有志青年不断勇往前行提供了坚定的思想引领。

红岩精神的内涵刚柔相济，锲而不舍的政治智慧反映了中国共产党人在面对困难和挑战时，既有坚定的原则立场，又有灵活的策略方法，始终坚守信仰，不放弃追求。红岩精神具有"出淤泥不染，同流不合污"的政治品格。在国统区这一"淤泥"环境中，红岩精神强调保持共产党人的纯洁性和先进性，坚持原则，不与腐朽势力同流合污。红岩精神内蕴以诚相待，团结多数的宽广胸怀。红岩精神注重与人民群众的紧密联系，通过真诚的态度和广泛的团结，凝聚起强大的力量，共同抵抗外敌和反对派的压迫。红岩精神蕴含善处逆境，宁难不苟的英雄气概。在抗战时期和解放战争初期，红岩精神展示了中国共产党人在逆境中不屈不挠、英勇奋斗的精神风貌，为中华民族的解放事业作出了巨大贡献。红岩精神具有坚定的理想信念。红岩精神的核心是坚定的共产主义理想信念，这种信念是共产党人能够始终保持清醒头脑、坚持正确方向的根本保证。红岩精神具有勇于牺牲的精神。在艰难的环境下，红岩精神的代表者们表现出了极高的牺牲精神，他们为了民族的解放和人民的幸福，不惜付出一切代价。红岩精神密切联系群众。红岩精神强调与人民群众的紧密联系，通过广泛的群众工作，赢得了人民群众的信任和支持，为革命事业的胜利奠定了坚实的基础。

红岩精神是社会主义核心价值观的重要来源之一，对于培养共产主义理想信念、爱国主义情怀和艰苦奋斗的道德风尚具有重要的教育价值。通过宣传和教育红岩精神，可以引导人们树立正确的世界观、人生观和价值观，激发人们的爱国热情和奉献精神，推动社会的和谐与进步。红岩精神所蕴含的坚定信仰、勇于牺牲、密切联系群众等特质，对于当代青年学生树立正确的价值观、人生观和世界观具有重要的启示作用，可以激励他们为实现中华民族的伟大复兴而努力奋斗。

三是抗美援朝精神。

抗美援朝精神则是中国人民在抵御外敌入侵、保卫国家安全的伟大斗争中展现出的英勇无畏、敢于斗争、敢于胜利的精神风貌。在百年校史中，曾有 51 名在校学生加入中国人民志愿军，走上了抗美援朝的战场。

祖国和人民的利益高于一切、为了祖国和民族的尊严而奋不顾身的爱国主义精神，英勇顽强、舍生忘死的革命英雄主义精神，不畏艰难困苦、始终保持高昂士气的革命乐观主义精神，以及为完成祖国和人民赋予的使命、慷慨奉献自己一切的革命忠诚精神。爱国主义是凝聚民族力量的伟大旗帜，是推动志愿军指战员克服一切困难、战胜一切敌人的巨大精神动力。革命英雄主义精神是以弱胜强、战胜一切敌人的法宝，体现了志愿军指战员的英勇无畏和坚定信念。在极为艰难困苦的条件下，志愿军指战员始终保持高昂斗志和敢打必胜的乐观信念，展现了顽强的毅力和坚定的意志。

"抗美援朝精神"是中华民族宝贵的精神财富，具有重大的现实意义和历史意义。它激励人们为祖国和人民的利益而奋斗，培养爱国主义的情感和精神；同时，它也教导人们要勇于面对困难和挑战，保持坚定的信念和毅力。在新时代，传承和弘扬抗美援朝精神有助于激发人们的爱国热情，增强民族自豪感和凝聚力，为实现中华民族伟大复兴的中国梦提供强大的精神动力。

二、提炼学校百年校史中的红色师魂精神

"红色师魂"精神是重庆幼儿师范高等专科学校在百年办学历史过程中，融合了红色文化的精髓，体现了教师的责任与担当所凝练出来的幼专精神。主要内涵有"追求真理、信念坚定、艰苦奋斗、勇于牺牲、学为人师、行为世范"等内容。

"红色师魂"精神首先体现在教师对真理的追求上。教师作为知识的传播者和创造者，应当始终保持对知识的热爱和对真理的追求。他们不仅要传授知识，更要引导学生追求真理、探索未知，培养学生的科学精神和创新精神。坚定的信念是"红色师魂"精神的重要支柱。教师要有坚定的共产主义信念，忠诚于党的教育事业，始终坚守教育初心和使命。他们要将自己的信念融入教学工作中，用自己的言行影响和感染学生，培养学生的爱国情怀和社会责任感。艰苦奋斗是"红色师魂"精神的显著特点。教师要有吃苦耐劳的精神，勇于面对困难和挑战，以坚韧不拔的毅力克服各种困难，为学生的成长和发展创造更好的条件。同时，教师还要引导学生树立正确的劳动观念，培养学生的劳动习惯和艰苦奋斗的精神。勇于牺牲是"红色师魂"精神的崇高境界。教师要有为了教育事业和学生成长不惜牺牲个人利益的勇气。他们要用自己的实际行动践行教师的职责和使命，为学生的成长和发展付出辛勤的汗水和努力。同时，教师还要引导学生树立正确的价值观，培养他们的奉献精神和牺牲精神。"红色师魂"精神要求教师要成为学生学习的榜样。他们要有深厚的学术素养和广博的知识面，能够为学生提供优质的教学资源和学习指导。同时，教师还要注重自身的品德修养和道德修养，用自己的言行影响和感染学生，成为他们学习和生活的楷模。"红色师魂"精神还体现在教师的行为举止上。教师要有高尚的道德品质和良好的行为习惯，能够为学生树立正确的道德标杆和行为规范。他们要用自己的言行影响和感染学生，培养学生的良好行为习惯和社会公德心。同时，教师还要积极参与社会公益活动和社会实践活动，用自己的实际行动践行社会责任和担当。

"红色师魂"精神是教育领域中一种崇高的精神追求和价值体现。它要求教师要在追求真理、信念坚定、艰苦奋斗、勇于牺牲、学为人师、行为世范等方面做到最好，为学生的成长和发展提供有力的支持和保障。

围绕"重庆幼儿师专人的精与魂"，以"读书救国""教育图存""求知化德""育苗绽春""沐真至善"为学校发展的五个历史阶段，并总结提出了学校历史传统的精神启示：一是追求真理，坚定理想信念为革命和建设事业献身，立身教坛为党为国为人民培养真人；二是开拓创新，以质量为根本，着力改进教育教学方法；三是艰苦奋斗，吃苦耐劳；四是师德为先，热爱学生，奉献为乐；五是技能为重，立足学生就业岗位所需要的职业能力，科内外、校内外加强训练，重检测过关；六是名师传承，学校师德高尚、学识渊博、技能精湛的教师，代代相传。勉励同志们坚守为人民谋幸福、为民族谋复兴的初心，承担立德树人使命，继承学校优良传统，按照习近平总书记提出的"政治要强、情怀要深、思维要新、视野要广、自律要严、人格要正"要求，熔铸红色师魂，为党育人，为国育才，既贡献才智，又成就自己，为把学校建成西部领先、全国一流的幼儿师范院校而努力奋斗。

红色师魂激发了学生的责任担当，坚定自己的理想信仰。重庆幼专地处三峡库区，经济发展相对落后，乡村幼师曾严重匮乏。重庆幼专学子秉承学校办学初心和使命，赢得了"下得去、留得住、能吃苦、乐奉献"的良好口碑。在库区各州、县幼儿园学前教育师资中，60%的幼儿园园长、80%的幼儿园市级骨干教师都毕业于学前教育专业。他们在学前教育的田园里挥洒自己辛勤的汗水，正为库区幼教事业的发展奉献出自己最美丽的青春，点亮西部农村学前教育的"普及梦"。

三、挖掘百年校史中的教育思想资源

一是劝学思想。

重庆幼儿师范高等专科学校的校训是"无冥冥之志者，无昭昭之功。骐骥一跃，不能十步；驽马十驾，功在不舍"。这句校训来自《劝学》，有深重内涵，有极强的教育价值与内涵，对开展高校育人依然有参考价值。如《劝学》强调环境对个人成长的重要性，认为人的行为和品质受到周围环境的深刻影响。提出"蓬生麻中，不扶而直"，意味着良好的环境可以促使人自然而然地向善。这启示我们应重视营造积极的文化教育环境，以促进学生的全面发展。同时，荀子认为，尽管环境对人有重要影响，但个人的选择和努力同样关键。他提倡"积善成德"，强调个人的主动性和自我修养在道德发展中的作用。这鼓励教育者尊重学生的自主性，引导他们做出有益于个人发展的选择。荀子主张"知行合一"，强调通过实践行动来获得知识和智慧。他认为只有将知识应用于实践，才能真正理解和掌握。这一点提示现代教育应注重实践教学，让学生在实际操作中学习和成长。其中，荀子认为教师的行为和态度对学生有着重要的示范作用。他提出"师者，所以传道、授业、解惑也"，强调教师不仅要传授知识，还要以身作则，成为学生学习的榜样。

最重要的是"无冥冥之志者，无昭昭之功。骐骥一跃，不能十步；驽马十驾，功在不舍。"意味着没有明确目标和远大志向的人，是无法取得显著成就的。这句话强调了设定目标的重要性，以及为了实现目标而坚定不移的决心。即使是才华出众的骏马（骐骥）也不能仅凭一时的努力达到很远的距离，而平凡的马（驽马）只要坚持不懈，也能取得成就。这句话传达了一个信息，即成功不仅仅依赖于天赋，更重要的是持续不断地努力和坚持。激励学生勤奋学习、不断进取，即使面对困难和挑战，也要坚持不懈，锲而不舍地追求自己的目标。

二是恽代英教育思想。

1923 年初夏，革命先辈恽代英路过万县，会见了时任省四师国文课教师的萧楚女。在萧楚女的邀请下，恽代英向学生做了一次《中国向何处去》的讲演。恽代英在讲演中，对国家主义派的种种谬论进行了有力的批驳，坚定指出中国只有走俄国人的路，实行社会主义才是正确出路。他强调中国必须摆脱外来侵略和封建压迫，实现国家的独立和民族的解放。提倡进行深刻的社会改革，包括土地改革、教育改革等，以解决中国社会的根本问题。恽代英认为文化是民族的灵魂，他倡导文化更新，推动中国传统文化与现代文明相结合。他的讲话，再一次在青年学生中掀起革命狂澜，更加坚定了青年学生反帝反封建的斗争信念。此后，恽代英还先后在黄埔军校、第六届广州农民运动讲习所、中央军事政治学校武汉分校等机构担任教职，直接投身于青年思想政治教育。

恽代英强调青年应将个人发展与民族救亡、国家改造相统一。他提出青年应有改造社会的责任，号召青年不要消极悲观，而应担当起救国的重任。例如，他在1917年的文章《我之人生观》中提出人生之目的在于"利社会、利国家、利天下"。[1]

恽代英认为青年应有远大理想，并与实际行动结合。他强调理想的重要性，如他所说："信仰之引人向上"[2] 他还提出了青年追求理想需要坚定的信念，并在实践中探索理想实现的途径。

恽代英通过自己的思想转变，指导青年认识无政府主义等思潮的危害性，并帮助他们树立科学的世界观。他利用教外文的机会，将自己翻译和保存的马克思主义经典著作秘密在进步师生中传阅，如《共产党宣言》等 [3]。恽代英认为青年要注重个人修养，强调身体力行。他提倡青年应有实际行动，而不仅仅是空谈。例如，他在《力行救国论》中指出："救国不在空谈，贵在力行"[4]。恽代英为青年运动指明了方向，即坚持党的领导，走与工农群众相结合的道路。他强调青年运动要取得胜利和发展，必须有党的领导，并且青年要在政党旗帜下联合起来。

三是萧楚女教育思想。

萧楚女作为中国共产党早期的无产阶级革命家、理论家和教育家，同时作为在省四师的教师，其教育思想和实践具有深刻的历史意义和现实价值，对学生产生了重要影响，同时也是学校得以传承的教育思想。

---

1 恽代英 . 恽代英文集（上）[M]. 北京：人民出版社，1984.

2 钟碧惠 魏天祥 . 恽代英论青年修养 [M]. 郑州：河南人民出版社，1985.

3 恽代英 . 一国善势力之养成 [J]. 青年进步，1918，(16).

4 恽代英 . 我们的师表 [A]. 回忆恽代英 [C]. 北京：人民出版社，1982.

萧楚女认为教育不应脱离社会现实和革命实践。他强调教育与革命的结合，主张通过教育培养具有革命意识的人才。这一观点体现在他的多篇文章中，如在《革命与"革命教育"》一文中，他提出"以社会为学校，以动态的社会为教材"，来引导青年实事求是的精神。萧楚女强烈反对军阀和教会对教育的控制，认为这些势力的教育目的不纯，"外人办学……如同'英美烟草公司以香烟入中国，遍街送人吃一样'"（《教育与革命》），旨在培养服从和顺从的个体，而非具有独立思考和批判精神的公民。在教学中，萧楚女倡导情理结合，用生动的语言和深刻的逻辑启发学生的思考，使教育内容更加贴近现实，激发学生的共鸣。萧楚女在教育实践中注重语言的艺术性，他的语言或平和朴实，或犀利辛辣，旨在通过语言的力量影响和激励学生。萧楚女特别关注青年的教育，"我只叫青年去看贫民窟的活电影"（《萧楚女教育实践略论》）。他认为青年是国家的未来，通过教育引导青年树立正确的世界观和人生观。

第二节　打造红色校史育人坐标

一、校史馆

学校校史展览馆于 2011 年年底建成，展区面积约 300 平方米。校史展览馆植根学校文化的深厚土壤，集中体现学校的人文底蕴、育人资源、办学自信，传递学校的教育理念和办学精神，是最生动鲜活的文化课堂。馆内以"传承红色文化　培育幼教英才"为主题，共分为"读书救国""教育图存""求知化德""育苗绽春""学技立职""新道尚美""沐真至善"七大篇章，以文字、图片、实物展示等形式再现了重庆幼儿师专百年办学历史、部分万县革命斗争历史和下川东革命活动历史，以及萧楚女、恽代英、朱德、刘伯承等革命前辈，刘伯坚、赵明恩、彭咏梧等革命先烈，钟稚琚、李嘉仲、何其芳等学者名流在省四师工作、学习、生活、战斗的经历，呈现了不同时期的成就，再现了学校作为"下川东革命摇篮"的鲜活史实，以及学校百年师范教育的生动实践。2019年，学校校史展览馆被批准为万州区爱国主义教育基地。

以学校深厚红色文化和师范文化为主题。校史展览馆总结回顾学校百年师范教育办学历史和六十余年幼儿师范办学特色，以红色文化、师范文化为主题，以幼专百年办学精神为核心，以学校发展建设为主线，从七个篇章展示学校百年办学历程中逐渐形成的优良文化、传统和精神，展现幼专人始终与民族共命运、同时代齐奋进、为国家谋复兴的理想信念，激励师生踔厉奋发、矢志奋斗，在新时代新征程上发出幼专团结奋进之音。

以重要时间节点、重要人物、重大事件为重点。校史展览馆展出内容是精选的百年校史中的主要阶段、重大事件、杰出人物，前后历史阶段紧密相连，主线脉络清晰，结构紧密，层次分明，重点突出。选取的萧楚女、恽代英、李嘉仲、刘伯坚、陈伯钧、彭咏梧、蓝蒂裕等革命先烈和校友，身上集中体现了老一辈革命家勇于实践、勇于探索、勇于思考、奋发进取的开拓精神，不畏艰险、坚韧不拔、顽强拼搏、攻坚克难的奋斗精神和为党和人民的事业"鞠躬尽瘁、死而后已"的献身精神，他们的鲜活事迹，承载了中国人民追求民族独立、国家富强的艰苦奋斗历程，彰显了重庆幼儿师专与民族、国家命运的血肉联系。

以全方位、多角度的校史宣传、教育平台为媒介。学校深入挖掘校史中的红色资源，发挥校史育人作用，通过创演大型红色艺术思政课

《他一直都在》，挂牌"大学生思政实践基地"，组织开展校史讲解员大赛、六角亭论坛、"四创"行动，官方微信公众号开通校史展览馆云参观功能等形式，扩大校史宣传、教育覆盖面，为师生和广大校友及社会各界人士提供丰富的精神食粮，让参观者在红色文化的精神洗礼中，感受红色文化的伟大和英雄的崇高，增强对红色文化的认同感和情感共鸣，从中感悟红色情怀，传承红色基因，赓续红色血脉，将红色文化的磅礴力量转化为奋发向上、干事创业的精神动力。

学校校史展览馆自建立起，便立足红色热土、发挥红色优势、释放红色动能，传递着学校的教育理念和办学精神。近年来，学校通过收集学校红色文化遗存，保护学校红色文化资源，研究学校红色文化历史，撰写学校红色人物故事，凝练学校红色文化精神，组建学生校史志愿讲解队伍，充分发挥红色文化育人功能，把校史展览馆打造成了红色研学基地，大学生思想政治教育实践教学基地，并面向社会免费开放，吸引周边地区众多机关、学校、企业入馆开展红色研学，每年接待校内外师生、嘉宾上万人入馆参观。学校校史展览馆已成为宣传学校百年历史、弘扬幼专优良文化传统和光荣革命传统的重要窗口。

二、校训碑

1917 年 5 月 24 日，著名民主革命家章太炎先生以孙中山大元帅府护法军政府秘书长的身份视察川鄂政务时，应邀来到四师，并用篆文写了校训："无冥冥之志者，无昭昭之功。骐骥一跃，不能十步；驽马十驾，功在不舍。"并刻成石碑，立在校内，鼓励学生，立大志，勤学习。并题写了"树之表旗"的匾额。

这句"无冥冥之志者，无昭昭之功。骐骥一跃，不能十步；驽马十驾，功在不舍"出自《荀子·劝学》。荀子是中国古代著名的思想家、教育家，他的作品《劝学》强调了教育和学习的重要性，以及通过不断努力和坚持来达到目标的思想。

"无冥冥之志者，无昭昭之功"的意思是如果没有远大的志向和决心，就不可能取得显著的成就。"冥冥"形容深远而坚定的志向，"昭昭"则形容显著而辉煌的功绩。"骐骥一跃，不能十步"中"骐骥"是指良马，这句话比喻即使是最优秀的人才，如果不愿意持续努力，也无法取得长远的成功。"一跃"虽然能跳得远，但不能持久。"驽马十驾，功在不舍""驽马"是指普通的马，而"十驾"则是指长时间的努力。这句话说明即使是普通的才能，只要坚持不懈，也能够取得成功。"功在不舍"强调了持之以恒的重要性。

"无冥冥之志者，无昭昭之功。骐骥一跃，不能十步；驽马十驾，功在不舍"蕴含着深厚的哲理和教育意义，体现了一所大学对于学生的精神塑造、品德培养和价值观引导的深层期望。

三、六角亭

六角亭是校内（抗建湾校区）一座具有上百年历史的建筑，它不仅是校园的一道风景线，也是学校历史的见证。

六角亭位于两栋教学楼之间，基本保留了最初建设时的样貌，青砖白瓦之下刻有"六角亭"三个字。这里是萧楚女、恽代英、刘伯坚最早在学校传播和接受革命思想的地方，也是重庆幼儿师范高等专科学校的校史教育场地。

四、打造精神文化体系

赓续百年校史，传承红色基因，学校将办学定位，办学目标、发展愿景有机统一，打造幼儿师专独特的"文化标签"。

（一）办学理念：立以德行　树之表旗

立以德行，树之表旗。意为树立高尚德行，争当标杆旗帜。此八个字既是对幼专师生个人修为的要求，也是对学校办学治校的要求。此办学理念是在章炳麟先生所题"树之表旗"匾额基础上丰富具体内容而成。"树之表旗"指导学校和师生要成为模范、代表、旗帜，但未具体指明哪些方面，故此办学理念用"立以德行"四字对"树之表旗"的具体内容和具体行为进行丰富。即指明具体从"德"和"行"等方面去"树之表旗"，具体行为是通过"立德""厚学"去"树之表旗"。如此，则内容更加丰满充实，指向更明确，浑然一体。

（二）幼专精神：熔铸红色师魂、培育幼教英才

此 12 字是对重庆幼儿师专百余年发展中历代师生精神品格的总结提炼，也是对未来新时代幼专师生的勉励和指引，故既总结过去，又指向未来。此 12 字要求百年幼专的人才培养要始终不忘革命先辈用生命和鲜血铸就的红色文化，以革命斗争凝结的"红色师魂"。要以红色文化教育为底色，用红色文化铸魂，用师范文化育人，培育具有"红色师魂"的新时代幼教人才。

（三）校风：明道、正心、赋能、弘艺

"明道"指全校师生首先要"明大道"，即要强化思想引领，要以习近平新时代中国特色社会主义思想等党的理论为航向，以党的教育方针为引领，以落实"立德树人"为根本任务。

"正心"指要端正全校师生的政治思想，引领全校师生的价值理念。引导全校师生要敬仰和发扬革命者的政治立场、政治观点，革命者乐于奉献、甘于担当的责任感，革命者艰苦和务实作风；要具有革命者的广博知识储备，丰富的知识结构，追求新事物的学习能力；要具有革命者

追求理想和信仰的个性等。

"赋能"指要构建学生的专业核心能力。要结合学校历史文化底蕴及幼儿人才培养特色，创新培养学生的"环境创设能力、教育实施能力、激励评价能力、沟通合作能力、现代信息技术运用能力"等五项核心能力，以及"弹、唱、舞、画、写、说、讲、塑、操、保、教、玩、观、编、剪"等十五项基本功。

"弘艺"指要突出学生艺术教育特长。要坚持"以美育人、以文化人"教育思路，把音乐、美术、舞蹈素养提升和能力培养纳入各专业人才培养方案，形成"面上全面融入、点上重点落实"的艺术教育方法，努力提高学生艺术修养，培养技能特长。

（四）教风：师真、师善、师美、师心

意为教师要追求真善美，要做一个有理想信念、有道德情操、有扎实学识、有仁爱之心的好老师。

（五）学风：修德、励志、笃学、敏行

意为修习德行、磨砺意志、刻苦学习、身体力行。此 8 个字要求学生在校学习期间，要从修习高尚品德、磨炼坚定意志、刻苦学习知识、躬身实践理论等方面提升自己。此学风中的"励志、笃学"也暗合了章炳麟先生所题校训中"无冥冥之志者，无昭昭之功"所表达的学生要磨砺意志、树立大志、刻苦学习的期望。

第三节　创新红色"四创行动"

重庆幼儿师专是一所具有光荣革命传统和鲜明红色基因的红色高校。近年来，学校深入挖掘校史红色资源，将红色校史与党的百年历史深度融合，传承红色基因、赓续红色血脉，强化党史学习教育、凝聚信仰之力，创新开展"四创行动"，全力打造学校"红色思政"品牌，把红色文化融入人才培养全过程，让伟大建党精神浸润每一名学生，充分发挥中国共产党精神谱系的感召、引领作用，推动大学生对党和国家的政治认同、思想认同、情感认同，切实推进党史学习教育常态化长效化。实施创演红色舞台剧、创编红色故事、创讲红色经典、创作红色艺术品为主要内容的"四创行动"。近几年来共创演红色舞台剧《他一直都在》和《信仰的力量——校史中的红色记忆》；创编红色读物《革命摇篮　光耀三峡》《百年师范　百年传承》等4部；开展"两讲"活动3届；举办红色艺术展3届，创作红色主题歌曲《飘扬的旗帜》等5首。"四创行动"每年定期举办，成为学校代代相传的特色活动。

一、创演红色剧目

创作和演出红色主题剧目《他一直都在》，通过一堂大型红色思政课程展示红色历史和精神。课程综合运用音乐、舞蹈、诗歌和戏剧形式，以一位107岁老太太的视角讲述了几代中国共产党人接续奋斗、坚守初心与使命的红色故事。在校师生200余人参演，全校师生及社会各界嘉宾近3 000人观看。

学校结合中国共产党百年历史，深挖学校107年办学历史和深厚的红色文化，历时近三个月，举全校之力打造了这堂别开生面的红色艺术思政实践课。该课名为《他一直都在》，全课采用双时空叙述方式，分为开课《百年之爱》、系列课《清澈的爱》《最亲的人》《心中的旗》，以及结课《你的名字》五大部分。从微视角、大时空、全维度展现了党的百年奋斗历程，讲述了一代代中国共产党人在祖国站起来、富起来、强起来的伟大征程中那些可歌可泣的动人故事和不屈不挠的斗争精神。

课程结束后，参演师生和观看嘉宾都表示受到了深深的震撼和感染，认为这堂特殊思政课打破了高校思政课以课堂讲授为主的传统形式，创新综合了音乐、舞蹈、诗歌、话剧等艺术手段，融理论、实践为一体，政治性、思想性、教育性、艺术性兼具，带领大家目睹了中国共产党人的奋斗身影，感受到了他们不怕流血牺牲的奉献精神，增强了对百年党史和学校红色文化的深入了解，更加激发了对中国共产党的热爱。一致称赞这是一堂跨越百年岁月的"大课"，是一次动人故事的精彩演绎、一曲百年大党的深情赞歌，开启了思政课程的艺术打开方式。

二、创编红色故事

为了深化师生对红色历史的理解和认同，我们积极创编红色故事，以丰富多样的形式和内容，将红色基因植入师生心中，激发他们的历史感和使命感。其中，我们精心打造的精品课程《重庆红色人物故事》作为全校必修课，通过讲述重庆地区革命先烈的英勇事迹和崇高精神，引导师生重温红色岁月，感受红色精神的力量。这门课程以生动鲜活的历史事件和人物形象，吸引了2万余名师生线上学习，取得了显著成效。

同时，为了进一步提升思政工作的亲和力，我们以选修课的形式在全校范围内开设了书记、校长走上讲台的活动。他们以学生喜闻乐见的方式，讲授红色校史人物故事、下川东革命烈士事迹，以及知名校友的师德精神传承等内容。这种互动式的教学方式，不仅增强了师生对红色文化的兴趣和认同，还让他们在轻松愉快的氛围中，接受了一次次深刻的爱国主义教育和革命传统教育。

为了更好地传承红色文化，我们还编辑了红色文化读物《革命摇篮　光耀三峡》《重庆幼儿师专红色故事》《百年师范　百年传承》等，这些读物以图文并茂的形式，生动展现了重庆地区的红色历史和革命精神。此外，我们还出版了画册《源头活水》，以艺术化的手法再现了革命先烈的英勇形象，为师生提供了丰富的红色文化学习资源。

通过这些红色故事的创编和传播，我们成功地将红色文化融入思政教育中，使理论成果在思政教育中发挥了愈加明显的作用。师生们在接受红色文化熏陶的同时，也增强了自身的历史责任感和使命感，为实现中华民族伟大复兴的中国梦贡献自己的力量。

三、创讲红色经典

创讲红色经典，是我们传承红色基因、弘扬革命精神的重要途径。红色经典，承载着中国共产党的奋斗历程和英雄人物的崇高精神，是我们民族精神的瑰宝。为了深化师生对红色文化的理解和认同，我校与重庆文理学院携手合作，共同开展了别开生面的"讲红色故事、讲革命精神"两讲比赛活动。在这场比赛中，两校的 13 位选手怀揣对革命先烈的敬仰之情，用真挚的情感和生动的语言，讲述了众多感人至深的红色故事。他们讲述了刘伯坚同志在敌人枪口下凛然就义的英勇事迹，展现了其视死如归的革命精神；讲述了杨闇公同志头可断志不可夺的坚定信念，体现了其革命信仰的坚不可摧；还有"车轮子县长"兰辉同志无私奉献、为民造福的感人故事，让我们感受到了共产党人服务人民的初心和使命。

比赛现场，师生们被这些革命先烈的英勇事迹深深打动，被他们英勇无畏、爱国爱党的精神所震撼。这场生动的爱国主义精神洗礼，让师生们更加深刻地理解了红色文化的内涵和价值，激发了大家的爱国热情和奋斗精神。

高校开展"两讲"活动，不仅有利于传承红色文化、弘扬革命精神，更能够激发广大师生的爱党爱国之情和干事创业的热情。通过讲述红色故事、学习革命精神，师生们能够更加坚定理想信念，增强历史责任感和使命感，为实现中华民族伟大复兴的中国梦贡献自己的力量。两所高校共同开展"两讲"比赛，不仅是一场红色故事会，更是一堂生动的思想政治理论课。这种模式值得我们在今后的教育教学中借鉴和创新，通过更多样化的形式和方法，将红色文化融入课堂、融入生活，让红色基因代代相传。

四、创演红色作品

开展"信仰的力量——校史中的红色记忆"创演比赛，涌现出《把一切献给党——彭咏梧的故事》《永不熄灭的红烛》《李嘉仲：革新校务育英才》《囚徒囚牢谱囚歌，烈士烈火中永生——记我校红岩英烈胡作霖》《血与泪的家书》《省四师足球雪耻记》等红色作品。创演以学校可亲可敬的校友——彭咏梧为原型，集讲、演、舞于一体，讲述了彭咏梧烈士用自己的鲜血和生命同国民党反动统治作斗争，即使最后牺牲自己的生命，也不向敌人卑躬屈膝。现场观众被浓情的背景音乐、绚丽的舞台灯光感染，跟随着演员们走进那段岁月，感受这段感人的故事。用朗诵形式展演了红色故事《永不熄灭的红烛》，同学们用饱含深情的语言讲述了萧楚女烈士投身革命事业，慷慨赴死宁死不屈，一同点燃革命的星星之火……重现了伟大先辈们对救国救民真理的不断探索、迈向新时代的伟大实践，展现了幼专人与党同心、与国同行、坚定理想、报国奋斗的精神风貌。

举办"四创一行动"之"歌声中的党史"创演活动，旨在通过以歌述史、以舞讲史的形式，推动党史学习教育常态化长效化，让师生在观看中聆听党史故事，感悟思想伟力，传承红色基因，延续红色血脉，让先辈们开创的事业薪火相传。以序曲《红旗颂》拉开序幕，至歌曲独唱《飘扬的旗帜》结束。用"历史的回眸难忘的歌——新民主主义革命时期、时代的旋律激情的歌——社会主义革命和建设时期、由衷的赞颂——改革开放和社会主义现代化建设时期、坚定的意志前行的歌——中国特色社会主义进入新时代"四个篇章，展现了党团结带领全国各族人民救国、兴国、富国、强国的百年光辉历程。整场演出运用了情景合唱、民歌联唱、舞蹈、大合唱等多种艺术形式，主题鲜明，内容丰富，既有历史的厚度也有文艺的温度。动听的歌声、优美的舞姿、有力的动作展现出我校师生积极向上的精神追求，以及不忘初心跟党走、乘风破浪勇毅前行的决心。演出现场精彩迭出、亮点纷呈，惊叹声、鼓掌声、欢呼声不断。

第四节　拓展红色校史育人实践活动

学校把校本红色校史文化育人元素融入人才培养的目标理念、课程体系、教学内容、教案编写、活动设计、见习实习、"六角亭"论坛、小夫子"培育工程、"三下乡"社会实践活动等活动中，通过"线上＋线下""校内＋校外""课内＋课外"等形式，构建课程思政"小课堂"＋社会"大课堂"与思政课同向发力，形成红色思政第二课堂。

一、成立红色理论宣讲社团

面向全校师生，优先在青马工程、优秀团学干部中遴选成立红色理论宣讲团。红色理论社团作为高校思想政治教育的重要载体，承载着传承红色基因、弘扬革命精神的重要使命。为此，我们成立了名为"六角亭"的学习社，这一名称寓意着社团成员们如同六角亭的六个角，相互支撑、共同前行，同时也象征着对红色文化的多角度、全方位探索与学习。"六角亭"学习社以"不忘初心""牢记使命""砥砺前行""不懈奋斗"等为核心主题，旨在引导大学生们深入学习和理解党的历史、党的理论和党的精神。通过举办一系列丰富多彩的活动，致力于提高大学生的思想政治素质和思想道德素质，特别是加强广大学生党员和入党积极分子的理论修养和党性修养。

在名师讲座环节，我们邀请校内外知名专家学者，就党的历史、党的理论、党的精神等方面进行深入解读，为学生们提供宝贵的学习机会。同时，我们也鼓励学生们积极参与读书交流活动，通过阅读红色经典、分享学习心得，加深对红色文化的理解和感悟。除了理论学习，我们还注重将红色文化融入社会实践之中。通过组织学生们参与志愿服务、社会调查等活动，让他们在实践中感受红色文化的力量，增强社会责任感和历史使命感。此外，我们还开展能力训练和交流讨论活动，培养学生们的团队合作、沟通能力等综合素质，为他们的全面发展奠定坚实基础。

"六角亭"学习社致力于培养一批具有领跑精神的先行者和家国情怀的实干者。我们鼓励学生将所学所得转化为实际行动，积极投身到国家建设和社会发展中去。通过不懈努力和奋斗，为国家的繁荣富强和民族的伟大复兴贡献青春力量。

二、开展红色艺术思政系列活动

在教育部全国高校美育浸润行动的背景之下，开设"艺术思政大讲堂""名师进校园"和"艺术大思政课"，红色音乐思政系列学术活动得以深入展开，成为连接音乐艺术与思想政治教育的重要桥梁。这一系列活动通过独特的艺术形式和深厚的文化内涵，为学生们带来了生动而深刻的思政教育体验。

深入贯彻红色音乐思政的教育理念，精心策划"歌声中的党史""歌声中的校史"红色校史音乐会。音乐会邀请了多位我国著名的手风琴演奏家同台献艺，这些艺术家们不仅技艺精湛，而且饱含对红色文化的深厚情感。音乐会在《红旗颂》高亢激昂的旋律中拉开帷幕，这首经典之作以其磅礴的气势和深情的旋律，瞬间点燃了现场观众的热情。整场音乐会以红色歌曲为主线，紧扣时代脉络，精心挑选了建党以来各个时期的经典红色歌曲。这些歌曲不仅旋律优美、易于传唱，而且蕴含着丰富的历史内涵和时代精神。演奏家们用他们精湛的技艺和深情的演绎，将一首首耳熟能详的红色旋律呈现给现场观众。这些红色歌曲如同一部部生动的历史画卷，展现了中国共产党从诞生到壮大的辉煌历程，传递着对党和祖国的无限热爱，抒发了爱党爱国爱社会主义的深厚情感。在音乐会的过程中，现场观众被深深感染，纷纷加入合唱的行列中。在热烈的互动合唱中，整场音乐会达到了高潮。观众们用歌声表达了对党和祖国的热爱之情，也展现了新时代青年学生的精神风貌和爱国情怀。

通过这一系列红色音乐思政学术活动，学生们不仅欣赏到了高水平的音乐艺术表演，更在潜移默化中接受了深刻的思政教育。这些活动不仅丰富了校园文化生活，也为学生们提供了宝贵的学习机会和成长平台。在未来的日子里，我们期待更多这样的红色音乐思政学术活动能够继续开展下去，为培养新时代的有为青年贡献更多力量。

三、开展红色主题社会实践活动

将"思政小课堂"与"艺术小课堂"相结合，在彭水县三义乡的一次公益活动中，志愿者们深入当地的孩子们中间，以独特的方式将红色文化与艺术教育相结合。活动伊始，志愿者向孩子们介绍了著名的革命英雄和彭水县三义乡周围的红色人物故事。这些故事充满了感人至深的情节和革命英雄的无畏精神，使得孩子们的心灵受到了极大的触动。通过这样的方式，志愿者们成功地将红色种子播撒在孩子们的心中，让他们在红色宣讲活动中深刻体验到红色文化的魅力和力量。为了让孩子们更加深入地了解红色文化，志愿者还通过实际行动来引导孩子们。在讲完故事后，实践团志愿者带领孩子们一起做手舞操。这首名为《红心闪闪》的经典红歌，以其激昂的旋律和深情的歌词，深深地打动了在场的每一个人。孩子们随着音乐的节奏舞动身体，不仅感受到了红色精神的传承，也坚定了他们的红色信仰。通过这首歌曲，孩子们更加深刻地理解了对祖国的热爱之情，也增强了他们的时代使命感和社会责任感。

为了进一步加深孩子们对红色文化的理解，实践团志愿者还带领孩子们进行了一次手工制作活动。孩子们在志愿者和老师的指导下，使用超轻粘土和卡纸等材料，亲手制作了以"红色"为主题的手工作品。这些作品不仅展现了孩子们的创造力和想象力，也巧妙地将艺术与爱国教育相结合。孩子们在制作过程中，不仅学习到了制作技巧，还更加深入地理解了红色文化的内涵和价值。这样的教学方式让孩子们走出传统课堂，通过亲身体验和实践来感受红色文化的魅力，使得红色宣讲课变得更加绘声绘色、别出心裁。

四、开展红色文化进幼儿园教育活动

发挥幼儿师专的社会服务功能，红色校史服务学前教育高质量发展，以此将红色文化引入幼儿园，引进课堂，在孩子们的心中播种红色的种子。以"为幼儿埋下一颗红色种子""在希望的田野上"为主题，以《董存瑞炸碉堡》红色故事、《王二小》舞台小话剧等丰富多彩的形式在幼儿园中开展了红色主题教育宣传活动。一场场别开生面的红色文化进幼儿园教育活动应运而生。在演出过程中，孩子们被话剧中鲜活的人物形象深深吸引。他们被英雄们舍生忘我、不惧牺牲的精神所感动，纷纷表示要向英雄们学习，做一个勇敢、坚强、有爱心的人。这次活动不仅让孩子们感受到了红色文化的深厚底蕴，还激发了他们的爱国热情，培育了他们的爱国情怀。

红色文化进幼儿园教育活动意义深远，延展了思政教育在学前教育阶段的重要价值。它不仅赓续了红色血脉，传承了红色基因，为孩子们种下了爱国的种子，还引导他们树立了正确的世界观、人生观和价值观。通过这样的教育活动，孩子们将更加珍惜来之不易的幸福生活，更加热爱自己的祖国，为将来的成长打下坚实的基础。同时，活动也促进了幼儿园与社会的紧密联系。通过邀请学生志愿者参与活动，不仅丰富了幼儿园的教学内容，还为孩子们提供了与同龄人交流学习的机会。这样的活动不仅有助于培养孩子们的社会责任感和团队合作精神，还有助于他们形成积极向上的人生态度和价值观。

后 记

历史是不能忘却的记忆。一所学校的办学历史更是每一位深耕于教台的教师、每一位成长于校园的学子都不应该遗忘的历史印记。如果一所学校曾为中国共产党培养和造就了数以百计的革命英才，那么革命的"红色基因"就浸染着这所学校的历史，成为学校办学历史的独特标识，也同时成为这所学校育人不可磨灭的鲜艳底色。

重庆幼儿师范高等专科学校就是这样一所烙印着红色记忆和爱国传统的师范学校。萧楚女、恽代英、朱德、刘伯承等曾在学校传播革命思想，开展革命活动；革命先烈刘伯坚、蓝蒂裕、赵明恩、彭咏梧、开国上将陈伯钧等在学校接受革命思想走上革命道路。据不完全统计，学生中有11位"红岩英烈"；曾有51名在校学生加入中国人民志愿军，走上了抗美援朝的战场。

2021年3月，重庆市委第八巡视组向重庆幼儿师范高等专科学校党委反馈巡视情况时指出：校园里红色文化厚重、百余年师范文化深厚，要求学校发挥思想政治教育的主渠道与主阵地作用，深入挖掘和深刻讲好身边生动鲜活的红色故事，推进思政课程和课程思政同向同行，构建"三全育人"体制机制。通过学校跨部门协同的广泛论证，学校选题《"红色基因"传承及其建构：融入高校育人环节的理论向度和实践路径研究》，深度开展"十四五"期间学校重大教育教学改革项目的行动研究，这对学校人才培养高质量发展和教育教学改革内涵建设，都具有非常重要的现实意义。

由此，课题组在系统梳理百年学府的发展历史基础之上，对百年校史融入高校育人环节的基本内涵、核心内容、主要特征进行深入诠释，强调一所高校的百年校史所具有的育人价值，构建起百年校史传承融入高校育人环节的理论与实践机理，对打造有温度的红色文化思政课堂，营造有情怀的红色文化校园环境，开发有思想的红色文化鲜活教材，组织有记忆的红色文化社会实践，推进课程思政和思政课程同向同行，构建和创新高校"三全育人"的体制机制提供了理论参照与实践参考。

本书由史妍、熊应主笔，其中史妍编写第一编第一章、第二章、

第三章、第六章，第二编第七章、第八章、第九章、第十章、第十二章；熊应编写第一编第四章、第五章，第二编第十一章。全书由熊应教授主审。在撰写过程中受到了来自学前教育研究所宋生涛教授（博士后）、教学督导室牟奇平教授、音乐舞蹈学院焦娇博士，以及学校科研处、组织宣传部的无私帮助，对选题、撰写思路以及校史资料的收集考证提供了大力支持与帮助，在此一一致谢。同时，本书在编写过程中恰逢学校自1914年肇始行至2024年110周年，在此特殊的时间节点再次回顾学校与祖国发展同频共振的历程，书写学校新时代为党育人为国育才的历史答卷，有着更为非同寻常的意义。相信在我们的共同努力下能够将这百年校史熔铸的追求真理、信念坚定、艰苦奋斗、勇于牺牲、学为人师、行为世范的红色师魂传承下去。

本书系重庆市高等职业教育教学改革研究重点项目《"红色基因"传承及其建构：融入高校育人环节的理论向度和实践路径研究》（项目编号：Z212009）、重庆幼儿师范高等专科学校"川盐文化遗产整理与教育传承研究中心"（编号：2024KYPT-04）研究成果、重庆幼儿师范高等专科学校科研工作站"音乐与舞蹈课程思政发展研究中心"的学术研究成果，受"重庆幼儿师范高等专科学校学术专著出版资助计划"资助出版。